prometeo
l i b r o s

LA VIOLENCIA

Michel Wieviorka

La violencia

prometeo
libros

Wieviorka, Michel

   La violencia / Michel Wieviorka. - 1a ed . - Ciudad Autónoma de Buenos Aires : Prometeo Libros, 2018.

   320 p. ; 23 x 16 cm.

   Traducción de: Daniel Gutiérrez Martínez ; Adriana Vazquez Delgadillo.

   1. Filosofía Política Contemporánea. 2. Globalización. 3. Violencia. I. Gutiérrez Martínez, Daniel, trad. II. Vazquez Delgadillo, Adriana, trad. III. Título.

   CDD 320.01

Armado: Eleonora Silva
Corrección de galeras: Marina Rapetti.
Traducción: Daniel Gutiérrez Martínez
Diseño de tapa: Erica Anabela Medina

Índice

Para Alain Touraine

Introducción

Cuando la modernidad se pensó y se quiso como una progresión en la historia de la humanidad, con la avanzada de la razón y el retroceso de las tradiciones y el oscurantismo, dos concepciones principales de la violencia encontraron lugar, casi de manera natural. La primera le otorgó una inmensa legitimidad a la modernidad, al esperar que ella jugase, llegado el caso, un papel revolucionario y, como diría Friedrich Engels, "según las palabras de Marx, fuese la comadrona de toda vieja sociedad que porta en ella una nueva a sus costados; y que fuese el instrumento a partir del cual el movimiento social triunfase y fragmentase las formas políticas fijas y muertas"[1]. En tanto la segunda definición, por el contrario, se la consideraba como no pudiendo más que ser regresiva en la medida que se impusiese la razón. Esta última concepción puede animar amplios enfoques socio-históricos, como en la importante obra en donde Norbert Elias reconstituye el proceso de civilización a través del cual los europeos, con el Renacimiento, aprendieron a interiorizar, a controlar y, por tanto, a reducir su violencia[2]. Esta última puede proporcionarnos el hilo conductor de trabajos más empíricos, y menos ambiciosos como el estudio de Jean-Claude Chesnais, quien propone seguir, a lo largo de un amplio periodo, y con datos cifrados, la disminución pura y simple de los actos de violencia[3].

Empero, tanto la gran historia del siglo XX, como la de las guerras de los genocidios y otras masacres masivas, así como el cambio social, que se observa por ejemplo en las cifras de la delincuencia que aumentan casi de manera sistemática en las sociedades occidentales desde el fin de

---

[1] Friedrich Engels, *Le rôle de la violence dans l'histoire*, París éditions sociales, 1971 [1878], p.38.

[2] Norbert Elias, *La civilisation des moeurs,* París, Calmann-Lévy, 1973; *La dynamique de l'Occident*, París, Calmann-Lévy, 1975. Estas dos obras son bajo la traducción de ÜBer den Prozess del Zivilisation (1939).

[3] Jean-Claude Chesnais, *Histoire de la violence*, París, Robert Laffont, 1981.

la segunda guerra mundial, nos invitan a resistir a las imágenes de que haya un retroceso generalizado de la violencia en el mundo contemporáneo. Esta invitación se inscribe en sí misma en un paisaje mucho más amplio todavía, donde: el agotamiento del movimiento obrero y de su "gran relato", el retorno de Dios o el empuje de la etnicidad en todo el mundo, nos promueven cada día más a liquidar los modos de pensamiento evolucionistas. Ya no podemos en la actualidad ver en la modernidad la marcha hacia adelante, más o menos triunfante de los pueblos y de las naciones, sobre los rieles del progreso económico y político. Ciertos pensadores consideran incluso que nosotros ya no somos modernos sino más bien posmodernos, algunos prefieren defender la idea de "modernidades múltiples"[4], rechazando tanto la idea de un mismo horizonte para todas las sociedades como aquella de un "one best way", de una sola y única vía para avanzar. Ahora bien, el punto en común que reúne a la gran mayoría de aquellos que reflexionan la modernidad, o la posmodernidad contemporánea, es aquella idea que Alain Touraine ha sabido formular mejor que nadie[5]: aquella que dice que lo que caracteriza a los tiempos presentes no es seguramente el solo progreso de la razón, sino más aún, la disociación donde la razón se separa de las identidades culturales y de las pasiones, incluyendo las religiosas.

En esta perspectiva no hay razón particular para que la violencia sea regresiva. Por lo contrario, puede aparecer y extenderse en el seno de innombrables espacios, sea bien del lado de la razón, lo que la hace un instrumento movilizado por los actores para quienes constituye un recurso y una fuente, es decir, un medio para llegar a los fines; tanto como del lado de las identidades o de la religión, que vienen a acompañar, a veces sin límites, las demandas o las aspiraciones. Además, la violencia también puede encontrar su camino en el desgarramiento que, precisamente, hace cada vez más difícil la articulación de los registros dicotómicos constitutivos de la modernidad, sin importar la manera en que la designemos: el espíritu y el cuerpo, la razón y las pasiones, la acción y el ser, la instrumentación y las identidades, el universal y el particular.

---

[4] Cf. Schumuel N. Eisenstadt and Wolfgang Schluchter, "Introduction: Pathos to early Modernities. A comparative View", en *Daedalus*, Vol. 127, No. 3, 1998, p. 4-7; Nilüfer Göle, "Snapshots on islamic modernities", en *Daedalus, Multiple Modernities*, vol. 129, No. I, 2000, pp. 91-116.

[5] Alain Touraine, *Critique de la modernité*, París, Fayard, 1992.

Entre más consideremos la modernidad contemporánea, o si se prefiere, la posmodernidad, bajo el ángulo de un desgarramiento o de una disociación, más estamos en riesgo de estar nosotros mismos desgarrados al referirnos a la violencia. Nos hace falta entonces, efectivamente, por un lado, considerar su objetividad, incluyéndola de forma empírica, así como su racionalidad, su factibilidad e, incluso, si es necesario bajo formas contables –el número de víctimas de una guerra, de un atentado, las estadísticas de la delincuencia y del crimen, por ejemplo-. Al mismo tiempo, nos hace falta, por otro lado, reconocer el peso de la subjetividad en la medida en la que es resentida, es vivida, observada, representada, deseada o sufrida por los individuos, los grupos, las sociedades. Esta dualidad de perspectivas es inevitable, y hace particularmente difícil el proyecto de definir la violencia. Una definición objetiva hablará, por ejemplo, de una violación a través de la fuerza a la integridad física, intelectual o moral de una persona o de un conjunto de personas[6]. No obstante, la subjetividad, individual o colectiva, la del perpetrador, la de la víctima o la del observador será tan rápidamente objetada como olvidada. ¿Quién podría ignorar que lo que se califica de violento es susceptible de variaciones considerables en el tiempo y en el espacio según las personas y los grupos? Un punto de vista objetivo u objetivante se inscribe en la perspectiva estrictamente universalista, puesto que pretende valer para todos y en todos lados; un punto de vista subjetivo, por el contrario, da cuenta del relativismo, puesto que puede cambiar según el lugar y la persona que lo enuncia. Estamos entonces aquí a punto de correr el riesgo de la fragmentación intelectual.

Esto es lo característico de la era actual, el confrontarnos a este tipo de separación que amenaza constantemente con paralizar o socavar el análisis, y volverlo delicado, véase contra-productivo en su ejercicio que supone responder a los desafíos que lanza la violencia (regresaremos a ello), particularmente en lo que compete a los medios de comunicación masivos ("Capítulo 4").

Antes incluso de comenzar a explorar los inmensos territorios de la violencia, debemos reconocer en ello la diversidad. La palabra "vio-

[6] Cf. por ejemplo Yves Michaud para quien "hay violencia cuando, en una situación de interacción, uno o varios actores actúan de manera directa o indirecta, en una vez o de manera progresiva, atentando en una o muchas gradualidades variables, sea en su integralidad física, sea en su integralidad moral, sea en sus posesiones, sea en sus participaciones simbólicas y culturales", *Violence et politique,* París, Gallimard, 1978, p. 20.

lencia", en efecto, se aplica a innumerables fenómenos, y califica toda suerte de eventos y conductas, individuales y colectivas –la delincuencia, el crimen, la revolución, la masacre masiva, el motín, la guerra, el terrorismo, el acoso, etc.. Su espectro de aplicación puede ser entendido casi al infinito, según la manera particular en que se le incluyan, o no, las dimensiones morales, y no solamente físicas, o incluso todavía que se introduzca, siguiendo a Pierre Bourdieu, la noción de violencia simbólica –aquello que ejercería, en esta perspectiva, un sistema, un Estado o actores dominantes tan potentes que impedirían a los dominados producir por ellos mismos las categorías que les permitirían pensar su dominación[7]–. Este libro no se dedica a una o varias formas dadas de violencia, sino que se interesa ante todo en sus modalidades físicas y, muy particularmente, a aquellas que resultan ser las más mortíferas. Siguiendo varios trabajos que su autor ha dedicado al estudio del fenómeno en el terreno (el terrorismo, las violencias dichas urbanas, el racismo, etc.), hay una ambición, esta vez, claramente más teórica: la de proponer un conjunto coherente y elaborado de utensilios analíticos que permita abordar la violencia, abarcando aquí las lógicas de aparición y de desarrollo –e, incluso, puede ser también a partir de ahí hacerles frente–.

Estos instrumentos de análisis no son simplemente presentados y discutidos unos después de los otros, como si fuese suficiente el disponerlos lado a lado para conformar una caja de herramientas. Puesto que este libro descansa sobre la constante que se impone a su autor a lo largo de su recorrido de investigación, que es la idea de que nosotros hemos entrado desde los años sesentas y setentas en una nueva era, que a la vez exige y autoriza que la movilicemos para comprender la violencia, no solamente desde los modos de acercamiento clásicos, sino también desde las nuevas maneras de pensarla y abordarla. Hay en la violencia una parte de misterio, que no se reduce jamás a las explicaciones disponibles en el mercado de las ideas tal cual se presentaban ante nosotros en los años setentas y ochentas. Esta extrañeza, que es elemento de fuerza de la literatura, e incluso a veces del gran periodismo

---

[7] Para una discusión crítica de esta noción, que atraviesa toda la obra de Pierre Bourdieu, *Cf.* Lahouari Addi, *Sociologie et anthropologie chez Pierre Bourdieu*, París, La Découverte, 2002. En particular el capítulo 7: "La Violence symbolique et le champs politique", p. 156-179.

(sobre todo cuando tiene que ver con la violencia), es lo que provoca al mismo tiempo que este fenómeno sea aún más insoportable. Es ciertamente esta la que lo define mejor. Es esta extrañeza, en todo caso, la que se trata aquí de afrontar, a lo largo de una progresión que nos indicará primeramente por qué se impone en la actualidad la elaboración de un nuevo paradigma de ella (primera parte), después, ¿en qué medida los razonamientos clásicos son a la vez útiles e insuficientes? (segunda parte), para finalmente desembocar en un enfoque original otorgándole un lugar central a la subjetividad de los actores y a los procesos de pérdida o de sobre-carga de sentido en los que se constituye la violencia.

Hacia un nuevo paradigma

Introducción

La violencia varía de un periodo a otro en sus formas concretas, esbozando en cada época histórica un "repertorio"[1], así como también en las representaciones en las que se da lugar. Esta idea, que es aún elemental, encuentra su expresión más acabada cuando es posible integrar en un mismo razonamiento a la vez la violencia, en lo que está definida en una época dada, y las características generales del contexto en el que opera. De este modo, se vuelve legítimo el hablar, en ciertas coyunturas históricas, de un "nuevo paradigma"[2], renovando las formas de todo aquello que se vincula con el fenómeno y con las condiciones de su expresión. En esta perspectiva, la conceptualización debe encargarse de las manifestaciones tangibles de la violencia, sus actores, sus envites, los discursos a los que ahí se hacen referencia, en la opinión pública o en los medios masivos de comunicación, las políticas que ahí se confrontan, el derecho que ahí se adopta, los enfoques de las ciencias sociales.

Debemos hoy por hoy pensar la violencia, ayudándonos de un nuevo paradigma, y por tanto renovar las herramientas teóricas permitiendo con ello abordarla. Con el fin de producir o al menos renovar las categorías de análisis, es necesario, en primer lugar, medir las profundas modificaciones que hacen que aquellas categorías anteriores se hayan vuelto inadaptadas, insuficientes o secundarias, por efecto de los cambios, a un ritmo con frecuencia desalentador, del paisaje en conjunto del mundo donde vivimos; a todos los niveles, tanto planetario, internacional, social, local, como individual.

Partiremos de los años sesentas, que para muchas posturas significaron la entrada a una nueva era, marcada a escala internacional por la

---

[1] Sobre esta noción *Cf.* Charles Tilly, *La France contestée de 1600 à nos jours*, París, Fayard, 1986.

[2] Para dar cuenta de una primera formulación sobre esta idea, *Cf.* el conjunto colectivo de investigaciones que he dirigido y publicado bajo el título: "Un nouveau paradigme de la Violence?", en *Cultures et Conflits,* numéro spécial, 1997.

guerra de los Estados Unidos en Vietnam, y en el seno de numerosas sociedades, a través de diversos movimientos políticos, sociales y de contracultura cuyo retroceso abriría la vía de la tentación al terrorismo, así como por la importancia de las guerrillas, por el empuje continuo de la delincuencia en las sociedades occidentales, pero también por nuevas miradas sobre la violencia, particularmente en los Estados Unidos donde el fenómeno, en sus dimensiones internas, históricas y sociales, parecen descubrirse con la administración Johnson. Esta época está caracterizada por experiencias significativas de violencia política, por el compromiso de ciertos intelectuales a su favor, por la importancia de las ideologías revolucionarias. La violencia está en la actualidad, ampliamente re-evolucionada: pues hemos entrado en otro periodo, donde algunos elementos ya se esbozaban incluso en los años sesenta.

Primera constatación, que se va a desarrollar en el "Capítulo 1", es que a pesar de ser huérfanos de dos grandes conflictos que estructuraron la vida colectiva, somos herederos en el ámbito de escala de las sociedades industriales de dos grandes factores: a) el declive histórico del movimiento obrero, y b) el nivel de las relaciones internacionales, del fin de la Guerra Fría. Las consecuencias de esta doble consunción se tienen que considerar, particularmente, porque nos invita a cuestionar una idea que por mucho tiempo tuvo un valor de evidencia, a saber, que la violencia ¿no es lo contrario del conflicto, sino más bien su prolongación?

Segunda constatación, que funda el "Capítulo 2", es que con la mundialización económica, y la extensión del mercado, la violencia se "globalizó" en sí misma, mientras que los Estados parecían, sino debilitarse, por lo menos sí perder el monopolio no solamente práctico, sino teórico de la violencia legítima. El paso al Estado "pos-weberiano" se compone de numerosas implicaciones: la violencia se reviste ahí, más que ayer, con formas y significados infra-políticos, económicos por un lado, y meta-políticos, religiosos por el otro, donde la toma de poder del Estado es menos que ayer el envite de las violencias específicamente políticas. La desinstitucionalización y el empuje del individualismo vienen a acentuar estas evoluciones, lo que nos anima a explorar la subjetividad de los actores de la violencia, y no solo la del Estado y del orden político o moral que esta viene a poner en cuestionamiento.

Tercera constatación, que será tratada en el "Capítulo 3", es que con el fin de los años sesenta se supo imponer una figura hasta el momento claramente menos visible en el debate público, que es aquella de la víctima, individual o colectiva. Esta emergencia nos conduce a examinar el impacto de la violencia sobre las personas que son tanto sujetos como victimas mortíferas de ella. La violencia arrasa o destruye la integralidad física y moral de aquellos que afecta, y afecta su capacidad de subjetivación. Por lo tanto, no es reductible ni a los eventuales cálculos de quien la perpetra (la violencia instrumental), ni tampoco alterable con la imagen reactiva a una situación de crisis. Y, si su víctima es atentada en tanto que sujeto personal, por qué entonces ¿no formular la hipótesis que pone en juego también la subjetividad de su perpetrador? La presencia de las víctimas en el espacio público es un fenómeno no tan nuevo, pero ya en sí mismo en declive, desde el ámbito analítico, que nos obliga a pensar la violencia de diferente manera que como se hacía con las categorías dominantes de los años sesentas y setentas.

Finalmente, una cuarta constatación es la de los medios masivos de comunicación, empezando por la televisión, que ocupan desde entonces un lugar gigantesco en la encrucijada de la experiencia pública y de la vida privada, por lo que es necesario hacer intervenir su existencia para comprender de qué manera la violencia se instaura y funciona, sea que se trate de la guerra, del terrorismo, del crimen o de la delincuencia juvenil. Empero, reservémonos de ideas sumarias que les imputan demasiado pronto a estos medios la responsabilidad única de causar violencia.

CAPÍTULO I

Violencia y conflicto

Cuando, por un lado, la vida en el seno de las sociedades industriales se organizaba a partir: a) del conflicto fundamental entre el movimiento obrero y los patrones del trabajo –la lucha de clases–, y por el otro, b) cuando las relaciones internacionales, en todo el mundo, estaban sobre-determinadas por la oposición mayor entre dos bloques que se constituyeron con la Guerra Fría, el espacio de la violencia presentaba ciertas características que ya no están necesariamente a la orden del día. De hecho, la noción de "sociedad" parece cuestionarse, por lo mismo que es fallida en su principio central de estructuración conflictiva; de modo que para numerosos países, el adjetivo "pos-industrial" es casi también igual de obsoleto que el calificativo de industrial, al punto de que se habla en la actualidad de redes o de economía mundializada; donde el juego de los Estados deja de estar condicionado por "el cara a cara" de dos superpotencias, en su caso, los Estados Unidos de Norte América y la Unión Soviética, y que logró evitar llegar en sus enfrentamientos a una situación extrema.

Empero, antes incluso de desarrollar esta idea, quizás habría que subrayar su ambivalencia propia, pues conjuga en efecto dos registros, que si bien son pertinentes, deben tener a la vez todo su valor sociológico y de alcance histórico. Por otro lado, en efecto, esta ambivalencia nos exige admitir el punto de vista sociológico, que es el hecho que violencia y conflicto, más que ir de la mano, dan cuenta de dos lógicas distintas, véase contrarias. Por otro lado, esta ambivalencia nos propone un panorama histórico, que es la constatación que con el declive del movimiento obrero, que fue la gran figura de protesta de las sociedades industriales, así como con el fin de la Guerra Fría, la violencia reviste de ciertas dimensiones, de ciertas formas, de alcances y amplitudes inéditas y extendidas.

No es necesario regresar con la reflexión sobre la noción de violencia, ya abordada en la introducción[1]. Por el contrario, es ciertamente útil especificar nuestra acepción de la palabra "conflicto" que, como muchos otros términos de uso común, se confunde muy rápido, por el hecho de que nos remite a situaciones o ciertas experiencias diversas, sociales, políticas, pero también interpersonales o intra-psíquicas. Hablaremos de conflicto en un sentido limitado, aquel de una relación, desigual entre dos personas, dos grupos, dos conjuntos que se oponen en el seno de un mismo espacio, cada uno como objetivo o como horizonte, que no significa forzosamente el de liquidar la parte adversa, y con ella la relación en sí misma; sino de modificar esta relación y al menos reforzarla en su posición relativa.

El conflicto, si se acepta esta definición ciertamente estrecha, es lo contrario de la ruptura, donde dos personas, dos grupos, dos conjuntos se separan para ya no buscar más que la distancia y la ignorancia mutuas en el mejor de los casos, o la destrucción del otro campo en el peor de los casos. El conflicto en la perspectiva aquí retenida no es por tanto la guerra, y tampoco es aquella perspectiva que se refiere a que el conflicto en lugar de ser el objetivo de la política por otros medios (según la fórmula célebre de Clausewitz) es la posibilidad de aniquilar al enemigo. La noción que aquí adoptamos se acerca a ciertos enfoques como los que propone Georg Simmel, que ve en el conflicto "un movimiento de protesta contra el dualismo que los separa, y una vía que llevará a una suerte de unidad"; se trata de "la resolución de las tensiones entre los contrarios"[2]. Sin embargo, nuestra noción se distancia de la anterior, no por el hecho de excluir enteramente la violencia del conflicto, sino porque en Simmel la "unidad" que conlleva al conflicto puede pasar por la destrucción de una de las partes. A pesar de ello, este sociólogo distingue, como lo hacemos nosotros hoy, el conflicto de

[1] Véase en otros trabajos de: Michel Wieviorka, *Sociétés et terrorisme*, Paris, Fayard, 1989; y en coordinación, *Violence en France*, Paris, Seuil, 1999.

[2] Georg Simmel, *Le conflit*, Saulxures, Circé, 1992 [1923], pp.19-20. Se encontrarán en Lewis Coser un enfoque funcionalista del conflicto que se reclama muy claramente de la tesis de Georg Simmel, de quien hizo conocer estas ideas en su propia obra, *The functions of Social conflict*, Glencoe, The Free Press, 1956. Ciertamente, hemos podido a partir de ello, criticar la lectura que Coser propone de Simmel. *Cf.* particularmente Christine Mironesco, *La logique du conflit. Théories et mythes de la sociologie contemporaine*, Laussane, ed. Pierre-Marcel Favre, 1982, para quien piensa que la tesis de Coser "traiciona el pensamiento de Simmel" (p.30).

la violencia, y nos anima a reflexionar sobre lo que los separa, incluso si pueden eventualmente confundirse. Ciertos conflictos, explica él, en efecto, parecen excluir cualquier cosa menos la violencia –"por ejemplo entre el bandido o el rufián y sus víctimas"-. Sin embargo, "cuando un combate semejante no tiene otro objetivo más que la pura y simple destrucción, se acerca "bien y bonito" al caso límite que sería la muerte sórdida, donde la parte del elemento creador de unidad se ha convertido en una suma cero: por el contrario, a partir del momento en que, de una manera u otra, se busca preservar a la víctima, imponer un límite a la violencia, nos encontramos ahí con un momento de socialización, incluso si este no tiene más que un efecto de freno"[3].

Ciertos conflictos son estables, estructurales, véase estructurantes. Otros, menos durables, se transforman, son resbaladizos o incluso susceptibles de disolverse más o menos pronto. En la perspectiva propuesta aquí, el conflicto ya no opone a los enemigos, como lo quisiera considerar un enfoque inspirado por el pensamiento de Carl Schmitt, sino que, los adversarios son susceptibles de estabilizar su propia relación al institucionalizarlo, al instaurar las reglas de negociación, sin duda con ciertas modalidades, pero permitiendo conjugar al mismo tiempo tanto el mantenimiento de un lazo entre actores, como su oposición. No todo es negociable en un conflicto, la institucionalización puede, por ejemplo, conducir hacia la disolución de alguna relación conflictiva, sin que deje de existir siempre un espacio o una posibilidad de violencia. Ahora bien, nuestra tesis general es que en la dimensión del conglomerado, el conflicto no solamente no se confunde con la violencia, sino que tiende en lo esencial a ser lo opuesto. La violencia cierra la discusión más que abrirla, y hace difícil el debate, el intercambio, incluso lo hace desigual, en beneficio de la ruptura o de la sola relación de fuerzas, a menos que esta no surja, por el hecho mismo de que hay ruptura, es decir, una relación pura de fuerza.

1. La experiencia del movimiento obrero[4]

A lo largo de la era industrial, las sociedades tomaron partido animosamente de este proceso del movimiento obrero, al ser llevadas por me-

---

[3] *Idem*, p. 35.

[4] Este análisis se concentra en la experiencia de las sociedades industriales occidentales.

dio de exigencias y demandas obreras a un mismo principio general de oposición, que es el de un conflicto central, que es tanto más violento cuanto que los propios actores contestatarios son poderosos, capaces de organizarse en el tiempo, y de pactar compromisos militantes susceptibles de desembocar en reivindicaciones negociadas o en presiones políticas, sin que por lo tanto se abandonen, en el marco de otras relaciones sociales, los vastos proyectos, más o menos radicales, de construcción de sociedad. Recordémoslo entonces, brevemente, el sentido y el alcance de estas protestas forjarían, según la expresión de los pensadores post-modernos, uno de los grandes "relatos" de la modernidad.

a. El apogeo del movimiento obrero

La consciencia obrera procede de la privación o del desposeimiento del que sufren los obreros a quienes les es prohibido o les es difícil tener el control de su trabajo y el controlar su producción. Esta consciencia trae consigo también un proyecto, que es el llamado a otra sociedad. Es la afirmación de una subjetividad desafortunada, al tiempo que ofrece la capacidad de proyectarse hacia el futuro, de inventar otras perspectivas que las que el presente les ofrece, *hic et nunc*, que sabe imaginar los mañanas que se cantan.

Esta capacidad fue, sobretodo, adquirida por los obreros calificados, más que por el hecho del principio positivo que les proporcionaba un oficio, un saber, una especialización; aquellos que tuvieron un cierto orgullo como sería la convicción de desempeñar un papel o una utilidad sociales, el de merecer respeto, y no dejarse caer en la autoestima fueron los más propensos a la negociación. De modo diferente, los obreros no calificados, relegados a sí mismos, fueron más propensos que los demás, a las revueltas sin mañanas, hasta llegar a la explosión de cólera. Como lo ha mostrado Alain Touraine, a mediados de los años sesentas, y como lo ha confirmado una investigación conducida con él

Deja de lado aquellas donde la acción social, propiamente obrera, se combina con una acción política y se subordina a ella en un contexto de crisis revolucionaria. También deja de lado aquella experiencia de proceso totalitario que pone en forma una violencia extrema en nombre de una clase obrera cuyos actores organizados, comenzando por los sindicatos, son incluso obligados a someterse. Un examen estrecho de estas experiencias no pondría en duda nuestro razonamiento de conjunto, sino que le obligaría a complejizarlo.

veinte años más tarde[5]: la consciencia obrera encontró su máximo nivel de integración y su más alta capacidad de acción en las situaciones donde la consciencia de orgullo de los obreros calificados y la consciencia proletarizada de los obreros no calificados se reencontraban y se articulaban una con otra, en particular en las grandes empresas taylorianas que habían dominado la industria durante las dos entre guerras y hasta los años setenta.

Durante este periodo, cuando existían fuertes comunidades obreras, con una densa vida social, cuando también a partir del movimiento obrero y de sus luchas se instalaban formas de vida política con tejido asociativo y debates de ideas y de sociedad, la violencia no era entonces un modo de acción social (al menos en sus formas más pronunciadas) que desembocara deliberadamente en la muerte de alguien. Las huelgas podían ser duras y largas, las tensiones fuertes en las empresas, y los discursos agresivos, empero la violencia mortífera no era un recurso utilizado por los actores, incluso cuando se enfrentaban a una represión brutal.

b. El fin de la era industrial

Todo cambió con la partida de la sociedad industrial, que se llevó a cabo, en América del Norte o en Europa occidental, a principios de los años de 1970. Esta salida no significa la desaparición de la industria, incluso tampoco, como se anunció un poco precipitadamente, la liquidación total del taylorismo, cuyos principios guían todavía la vida de ciertas empresas. Esta salida significa, sobre todo, una pérdida de centralidad de la oposición entre: el movimiento obrero y los patrones del trabajo.

Su conflicto daba cuenta de la vida colectiva, y confería un sentido a otras luchas sociales (campesinas, urbanas, las de la universidad, las de los consumidores, etc.) fundando el clivaje político entre la izquierda y la derecha; animando la vida intelectual y prolongándose, en materia internacional, a través de las ideologías de una oposición: entre un Este que se reclamaba del proletariado obrero y un Occidente que supuestamente encarnaba la dominación capitalista. Entre más el movimiento obrero fue poderoso, más lo fue su institucionalización, en particular

[5] Alain Touraine, *La conscience ouvrière*, París, Seuil, 1996; Alain Touraine, Michel Wieviorka, François Dubet, *Le mouvement ouvrier*, París, Fayard, 1984.

bajo la forma de una social-democracia, que llegó en muchos países a acceder sin violencia al poder. No es el conflicto estructural de la sociedad industrial lo que del lado occidental haya sido el factor de violencia y de derivaciones políticas a mitad del siglo XX, sino sobre todo fue su desestructuración.Esta logró favorecer diversas formas de súper institucionalización y burocratización del sindicalismo, liberando conductas de rabia por parte de aquellos obreros de los que ya no se hacían cargo. Del mismo modo, se llegó al terrorismo de extrema izquierda (que retomaremos más delante) o al auge de líderes y movimientos populistas más o menos racistas, que sin contenido de violencia colectiva mayor llenaron el vacío político, al punto de que la violencia terminó por tener significado –como es el caso desde aquel Ross Perot en los Estados Unidos, hasta la liga del norte de Italia, y la del Frente nacional en Francia, llegando a Wladimir Jirinowski en Rusia–. El fin de la era industrial, también y sobre todo, desembocó en una crisis profunda del sindicalismo y tuvo grandes dificultades de funcionamiento en el marco de los sistemas de relaciones profesionales, incluidos ahí los sectores con gran vitalidad, como en Alemania y en Escandinavia. Este fin de era marcó el espacio que contribuyó a generar fenómenos de descomposición urbana, al poner en fuertes apuros a muchos barrios populares, como los llamados "súper-guetos" negros de las grandes metrópolis estadounidenses, que eran huérfanos de la gran industria también en declive, y que fueron muy bien analizados y estudiados por William Julius Wilson[6]; lo mismo se puede decir para los suburbios franceses que, en su declive de seguir siendo "suburbios rojos" mantenidos y organizados por el Partido comunista, fueron el teatro del odio (tema que tiene como título una cinta cinematográfica importante de Kassovitz), o de la cólera y la rabia de los jóvenes que constantemente tenían que batallar en la vida de todos los días (la Galera), tal y como fueron descritos por François Dubet a mediados de los años ochenta.

En este contexto, los obreros que padecen en su ser el choque de la desindustrialización, de la pérdida de empleo, del desempleo, de la exclusión o de la precariedad, o que simplemente son de todo esto testigos angustiados, terminaron perdiendo también aquellos parámetros

---

[6] William Julius Wilson, *The Declining Significance of Race*, Chicago, Chicago University Press, 1979; *The Truly Disadvantaged: the Inner city, the Underclass and Public Policy*, Chicago, Chicago University Press, 1987.

que les permitían guardar una imagen positiva de sí mismos. Imagen ya de por sí bastante explotada y subyugada como pudo haber sido hasta ese entonces. De modo que se ven frecuentemente postrados, replegados sobre ellos mismos, incapaces de actuar. No obstante, sus hijos, si bien absorben los costos de esta situación, no viven su ser social de la misma manera paralizadora de abatimiento, y son más fácilmente susceptibles de pasar al acto de la violencia social. En diversas sociedades occidentales, las conductas juveniles de violencia urbana, en particular en los barrios populares, afectadas, a pleno latigazo por el efecto de los cierres de las fábricas y la supresión de empleo, le deben mucho su razón al agotamiento del conflicto social central que caracterizaba la era industrial.

Esta violencia conjuga por tanto, a veces de manera enredada, por un lado delincuencia o criminalidad relativamente clásicas, y por el otro expresiones de sentimientos de injusticia social. Cuenta de esta descomposición se ve en muchos aspectos vistos en los disturbios urbanos de Gran Bretaña, después en Francia en los años ochenta y noventa, o con el racismo virulento de los *skinheads*, cuya violencia, dicho sea de paso, viene a ilustrar un estilo en sí mismo desconectado de todo contenido y de toda carga realmente social, ya ni se diga obrera.

Vale la pena el ser prudente y matizar el tema, y no deducir de estas observaciones la idea de una violencia social o política directamente o únicamente ligada al agotamiento de las relaciones sociales propias a la era industrial clásica. El lazo al respecto no es ni automático, ni inmediato. La violencia, cuando surge en este contexto, debe ser pensada en su modo de intervención y mediaciones, y no surge necesariamente o directamente de la movilidad social decreciente o de la crisis. De tal modo, que los disturbios en los barrios populares de Francia o de Inglaterra, o de aquellas grandes metrópolis estadounidenses, en los últimos veinte años del siglo pasado, han ocurrido en razón de excesos policíacos o con base en decisiones desiguales de justicia, donde, por ejemplo, jurados compuestos de "personas blancas", exoneraron, so pretexto de estar en cumplimiento de sus funciones, a policías que habían sido filmados abatiendo a un "hombre negro" como lo fue Rodney King en Los Ángeles en 1992, quien en realidad solo estaba protestando en contra del desempleo. La rabia y el odio de los jóvenes se expresaron en diversos espacios urbanos, ciertamente, con el telón de fondo de dificultades sociales, pero correspondiendo primeramente a poderosos sentimientos de injusticia y del no reconocimiento a sus personas, por la discriminación racial y cultural. De manera simétrica, el desempleo y la pobreza, incluyendo aquellos que traducen una brutal caída social, como en el caso de los países del antiguo imperio soviético, no se amalgaman de manera inmediata o directamente a las violencias sociales –lo que es bien sabido después del estudio clásico de Lazarfeld sobre los desempleados de Marienthal[7]–. Más que nada, pobreza y desempleo nutren pasivamente frustraciones que se quedan cierto tiempo ahí, antes de que transiten eventualmente a las ideologías de odio disponibles en ese momento, de racismo y antisemitas, o bien que terminen por incorporarse a proyectos políticos radicales como el nazismo de antaño en Alemania, o como el llamado en la actualidad del regreso del comunismo en sus formas más estalinianas en los países del antiguo bloque soviético, o incluso también figuras como el nacional-populismo o el nacionalismo en numerosos países occidentales.

A partir del momento en donde el conflicto entre obreros y patrones perdió su capacidad estructurante, se instauró, sobre todo en los jóvenes, una cultura completamente diferente de aquella de los actores copados en una relación de dominación. Los valores que se imponían, en efecto, dejaron de ser aquellos de los individuos valorizados por el fruto de la actividad de un trabajo, a sus propios ojos, bien valorado, y que terminó por ser acaparado por otros. Ya no contamos con ese sentimiento de tener una fuerte utilidad social, o incluso aquel de estar desposeído de todo control sobre su propio trabajo y lo que se produce. Domina, mucho más, el sentimiento, si no de ser inútil, al menos de ser externo a la sociedad y limitado para acceder a los valores que profesa. La cultura que se difumina se define por la dupla *winner-loser*, la cual promueve ser un ganador, y escapar al desprecio que rodea a los perdedores. Para algunos de aquellos que son "echados", según la expresión común en América Latina, o rechazados, se desarrolla una viva angustia de la decadencia; y la ausencia o la pérdida de estima de sí mismo puede invadir la consciencia: ¿no es que seamos socialmente inútiles, pero sí escoria o casi? Cuando el conflicto estructural desaparece, el individuo se entrega a sí mismo, y corre el riesgo incluso de no poder imputar sus fracasos o sus dificultades existenciales más que a él mismo; no hay

[7] Paul Lazarfeld y al. (coord.), *Les chomeurs de Marienthal*, París, Minuit, 1981 [1932].

adversario a quien oponerse para hacer valer algún aporte, volviéndose así inexistente a la vida colectiva. En un contexto semejante, la violencia encuentra más fácilmente la vía, incluso más que en una cultura como la obrera donde la dominación y la explotación perviven, o incluso en contextos cuyo sentimiento de pertenecer al campo de los dominados y de los explotados es indisociable de la consciencia de utilidad social.

La disolución del conflicto desliga a los individuos de la sociedad y los lleva a un mar de pruebas que se viven más bien como desafíos personales, lo que los incita a exponerse de manera personal para no ser despreciados por el otro, teniendo siempre la preocupación, según la noción de Erving Goffman, de tener la "faz" del honor. Esta disolución substituye los problemas de la personalidad y de su fragilidad de aquellos de la dominación social, e incita a responder por vía de la violencia al desprecio real o simplemente percibido. Una de las grandes lecciones de los trabajos contemporáneos[8] a propósito de los jóvenes de barrios populares que pasaron a los disturbios o desarrollaron el odio, la rabia y diversas conductas de violencia, particularmente en la escuela, es que estas traducen un resentimiento, un sentimiento de no reconocimiento, y de manera más profunda quizás, la incapacidad de apuntalar su existencia por falta de una relación social en la que se podrían definir en relación a un adversario, un dominante, un explotador. Más aún, hay que decir que haría falta, al mismo tiempo, afirmar que conflicto y violencia se oponen, empero para pensar su oposición, no es posible el conformarse con razonamientos demasiado elementales, demasiado directos o deterministas, en tanto que la densidad de las dimensiones intermediarias y mediadoras sean considerables.

Cuando un conflicto tan masivo y central como aquel que opone al movimiento obrero y los patrones estructuraban la vida colectiva y el espacio público, la violencia que podía surgir en la ciudad, del hecho por ejemplo de grupos de jóvenes más o menos delincuentes, confería un espectáculo que era relativamente bien sobrellevado. Un espectáculo semejante subía menos cuesta arriba, cuando el conflicto en cuestión no era todavía bien percibido, al ser muy nuevo e insuficientemente constituido, y va de igual manera, a lo opuesto, cuesta abajo, cuan-

---

[8] Cf. por ejemplo nuestra propia pesquisa, *Violence en France, op., cit.*; Daniel Lepoutre, *Coeur de banlieu. Codes, rites et langages*, Paris, Ed. Odile Jacob, 1997; François Dubet, *op., cit.*

do este pierde su capacidad de centralidad y su importancia. De este modo, Louis Chevalier mostró bien de qué manera en el momento del nacimiento del movimiento obrero, bajo la monarquía de Julio en París, la percepción de los actores populares, por parte de la burguesía, confundían clases peligrosas con clases trabajadoras[9]. Del mismo modo, Régis Pierret[10] o Michelle Perrot, al estudiar a los "Apaches", es decir, estos jóvenes bravucones urbanos de principios de siglo, subrayaban acertadamente que ellos pertenecían a una juventud popular negada como grupo, lo que preocupó, al punto de que ni los partidos políticos ni los sindicatos se ocupaban de ellos en la realidad. Los "Apaches" son el fruto de una nueva industrialización que "distienden el tejido urbano, quiebra las etnias, los barrios, separa los sexos", mientras que "en la sociedad dicha tradicional, los jóvenes tenían sus formas específicas de existencia y de intervención", y que con el cambio de siglo, "las formas de organización industrial autónomas, por tanto tiempo persistentes y en realidad siempre recurrentes, se relegaron frente al rigor de la industria[11]": los mismos tipos de delincuencia preocuparon menos cuando los barrios populares se convirtieron en "los suburbios rojos", estructurados políticamente y socialmente por el comunismo.

Simétricamente, cuando los barrios obreros se disipan, cuando las redes sindicales, políticas o asociativas ligadas de cerca o de lejos al movimiento obrero se apagan o desaparecen, la violencia, en gravidez igual o comparable, es percibida como mucho más insoportable y peligrosa que antes. Cuando las formas establecidas de la vida social se encuentran en descomposición, por el hecho de que se deshacen los parámetros que aportaban un principio activo de conflictividad, hace que la menor marca de agresividad, al desbocar o acentuar la desmoralización y el temor, se genere un vivo sentimiento de amenaza.

La sociología clásica con frecuencia ha asociado el individualismo moderno y sus fechorías, comenzando por la anomia y los riesgos de violencia, con la disolución de las tradiciones y las viejas órdenes; se preocuparon más bien de los daños sociales de la industrialización capitalista, en la cual se veía si no la fuente principal de la degradación

---

[9] Louis Chevalier, *Classes labourieuses, classes dangereuses*, Paris Hachette, 1984.

[10] Régis Pierret, *Les Apaches á Paris au début du siècle*, Paris, Diplôme de l'EHESS, 1996.

[11] Michelle Perrot, *Les ombres de l'histoire. Crime et châtiment au XIXe siècle*, París, Flammarion, 2001, pp. 359-361.

general de las comunidades, de la cultura y del orden, al menos sí un riesgo considerable. A lo largo de los últimos treinta años del siglo XX, venimos de vivir la agonía de esta sociedad industrial, que no nos preocupaba tanto; empero, es tiempo de reconocer que al salir de ella hemos perdido una relación conflictual, ciertamente cargada vigorosamente de desigualdades y de injusticias flagrantes, pero que también limitaba precisamente los cruces y las trastadas del individualismo, al impedirle a los individuos y los grupos el pasar a la violencia de facto.

Encontramos aquí una importante lección de sociología, a saber que, desde Tocqueville a Durkheim, pasando por diversas escuelas de filosofía social y política, el pensamiento del siglo XIX estuvo atormentado por la idea de ver la violencia, la anomia y el desorden surgir y extenderse con la industria y la división del trabajo. Ahora bien, hoy por hoy, se trata de la desaparición del conflicto central de la era industrial, que plantea este tipo de problemas al suscitar, por un lado, todo tipo de violencias, y por el otro, un sentimiento general de pérdida de parámetros que agudizan y acentúan las preocupaciones relativas a estas violencias. La obsesión del individualismo ha acompañado la emergencia de la industria moderna, y le han imputado los peores riesgos y peligros; esta resurge, de alguna manera, en respuesta a su partida, por medio de temáticas modificadas que insisten en la soledad y el vacío del individuo contemporáneo, como manera de marcar la entrada en una nueva era donde nosotros estamos en la necesidad (quizás solo de manera provisoria) de un principio central de conflictividad.

c. En creciente y en descenso del conflicto: el terrorismo de extrema izquierda

Siguiendo estas primeras reflexiones, el espacio de la violencia parece ser aún más vasto que el del conflicto social, que en este caso sería aquel que opone el movimiento obrero del patronato, y que parecería estarse reduciendo. La violencia, aquí, expresa la debilidad del conflicto. Lo que nos remite, de manera más específica, a tres principales casos típicos.

Sea que el conflicto que está naciendo no se halle todavía plenamente constituido y no es todavía percibido como tal, ni por sus protagonistas, ni por la sociedad civil de donde inicia. O bien, de manera opuesta, se encuentra en una fase de crisis, de desestructuración o de declive histórico. O, incluso, todavía se trata de las dos lógicas precedentes, en creciente y descenso, que se conjugan, teniendo dos conflictos sociales en co-presencia en una misma experiencia concreta, donde uno está naciendo, tardando en tomar forma, mientras que el otro, en declive, viviendo sus últimas llamaradas.

El terrorismo de extrema izquierda aporta ilustraciones llamativas de estos tres casos típicos. En su versión anarquista de finales del siglo XIX en Francia, entre 1892 y 1894, aquel expresa brutalmente, en ascendente, la fragilidad de un conflicto emergente, y anuncia el nacimiento de un actor social que tarda en construirse, y precede la formación de un movimiento sindical capaz de una real movilización. La "era" de los atentados, como lo llamó el historiador Jean Maitron, se detiene exactamente al mismo tiempo que se afirma, en las Bolsas de trabajo y en los sindicatos, la primera gran expresión organizada del movimiento obrero en Francia, que es el sindicalismo de acción directa (llamado también sindicalismo revolucionario o anarco-sindicalista). La acción directa será una fuerte preocupación de este tipo de sindicalismo, que se distingue claramente de la violencia terrorista, sin que por lo tanto rechace diversas formas radicales de acción (sabotaje, boicot, etc.), que nunca llegaron a ser mortales.

Simétricamente, en descenso y no en creciente del movimiento social, el terrorismo de extrema izquierda en varios países occidentales, tanto como en Japón, vino a manifestarse durante los años setentas y ochentas bajo el modo invertido o el de la inversión[12]; es decir, cual fin del movimiento obrero y de las ideologías marxistas-leninistas que hicieron de estos la sal de la tierra. Sus protagonistas intentaban mantener al más alto nivel, en su atisbo histórico, una acción ya en declive, y cuyo sentido ya no podía estar ligado a proyectos de conducta general de la vida colectiva. La violencia, aquí, era tan extrema y sin límites que la zanja se profundizó entre los terroristas que hablaban artificialmente de la lucha de clases y del ascenso del proletariado obrero al poder, y de los obreros para quienes este discurso no significaba gran cosa.

---

[12] Sobre esta noción, que remite a los procesos, al filo de los cuales un actor distorsiona y pervierte las categorías del movimiento social para transformarlos de manera radical en una ideología extremista acompañando el paso a una violencia cada vez más desenfrenada, véase mi libro: *Société et terrorisme, op.cit.*

Finalmente, la experiencia del terrorismo italiano de extrema izquierda, al incluirlo, no se limita a la imagen de una violencia que mantenía de una manera cada vez más absurda la antorcha de un movimiento obrero al tiempo que perdía su centralidad. El embalaje de las llamadas Brigadas rojas o de la *Prima Linea* dirigidas hacia un terrorismo cada vez más ciego, en la Italia de principios de los años noventa, le debe mucho también al deseo de una juventud "autónoma", que soñaba con jugar con el "Camarada P.38", quien era portador de sensibilidades y de nuevas exigencias. La cultura de estos jóvenes, en efecto, corresponde a la entrada de Italia en la era postindustrial, estando llena de nuevos atentados y conflictos –movimientos de mujeres y de homosexuales, ecologistas, estudiantes, etc., muy frágiles como para afirmarse de manera autónoma, y que no encontraban ninguna salida política en el seno del sistema institucional italiano de la época, tan abierto como pudiese ser en la izquierda "extra-parlamentaria". Se tiene aquí la conjugación de un terrorismo "en descenso", cargado del declive del antiguo movimiento social, y de un terrorismo "en subida", cargado de aspiraciones confusas de un actor todavía no formado. De modo que como dice Alain Touraine, "la idea de movimiento debe ser claramente separada de aquella de *violencia*"[13].

2. El fin de la Guerra Fría

Los años que acaban de especificarse en el declive histórico del movimiento obrero no preceden más que en poco a aquellos fenómenos igual de importantes como lo es el fin de la Guerra Fría, a la que debe ligarse el nombre de Gorbachov y cuya fecha simbólica vino a endosar aquella de la caída del muro de Berlín (1989). En estos sucesos ¿cómo no sensibilizarse a la oposición, y no a la proximidad de la violencia y del conflicto?

Siendo un conflicto geopolítico que estructuró el mundo durante casi más de medio siglo, la Guerra Fría, en efecto, fue una confrontación mayor en la que la Unión Soviética y los Estados Unidos de América vivieron bajo tensión, a veces extrema, en una relación, que no obstante, nunca terminó en un mínimo enfrentamiento militar directo. Esta relación conflictiva no desembocó en una guerra entre las dos superpo-

---

[13] Alain Touraine, *Qu'est-ce que la démocratie?*, Paris, Fayard, 1994, p. 89.

tencias, pero sin duda y en mayor medida, sí en enfrentamientos límites, en donde siempre se supo evitar el cara-a-cara bélico; su rivalidad,
al tiempo que era muy fuerte, nunca explicó alguna violencia mayor
durante el periodo, pues a excepción de la guerra de Corea que fue
resuelta relativamente rápido, la guerra de Vietnam no se transformó en
guerra mundial.

En ciertos casos, la Guerra Fría logró atizar las tensiones y las violencias locales, simple y sencillamente porque cuando el apaciguamiento
en el terreno convenía a una de las dos súper potencias, la otra podía
tener interés, por lo contrario, en jugar la carta de la tensión o la radicalización. Pero, sobre todo, esta tensión evitó la aceleración, desbo-
camiento o pasaje a los extremos en situaciones límites, impidiendo a
ciertos Estados el adentrarse demasiado lejos en una lógica de guerra o
de violencia: "no importa cuál pudiese ser la influencia de un conflicto
local sobre la relación de fuerzas entre las dos súper potencias, anota
Jean-Pierre Derriennic, éstas no podían permanecer indiferentes a su
desarrollo[14]".

Se comprende bien esto *a posteriori*, cuando se toma en consideración la situación en el mundo después de 1989 donde nuevas líneas
de fractura aparecen. Las guerras civiles toman otro carácter desde el
fin de la Guerra Fría y la nueva situación autoriza a una privatización
de la violencia que juega por tanto un rol instrumental y económico.
Esta permite igualmente la desmultiplicación de las violencias identitarias, como se vio con los combates mortales desembocando en la barbarie de la purificación étnica en el marco del desmembramiento de
la Yugoslavia –un país cuya armada, en tiempos de guerra fría, había
constituido un elemento de estabilidad internacional–. Por su lado, la
desestructuración de la Unión Soviética, y en una menor medida la descomposición de la ex Yugoslavia, significaron una suerte de estallido del
comercio de armas, y de su difusión cuasi viral, alimentando la guerra
o la guerra civil, el terrorismo, el crimen organizado o la delincuencia.
Si en Francia estos últimos años, el crimen organizado, pero también la
delincuencia se renuevan y se apoyan con el acceso cada vez más fácil
a toda suerte de armas, es en parte porque la oferta se ha considerablemente extendido en razón de este nuevo dato mencionado.

---

[14] Jean-Pierre Derrennic, *Les guerres civiles*, París, Presses de Sciences Po, 2001, p. 42.

El fin de la Guerra Fría, además, ha marcado la entrada en una nueva era desde el punto de vista de las armas nucleares, hasta entonces asociadas a la idea de disuasión. La disuasión nuclear, en efecto, contribuía a entrar en razón, en un mundo bipolar que estructuraba el conjunto de las relaciones inter-estatales a partir de las dos superpotencias: estadounidense y soviética. Lo nuclear, durante una buena treintena de años, significó el orden y una cierta moderación en los conflictos, incluidos aquí aquellos que no enfrentaban directamente a los dos grandes, sino más bien a sus aliados o vasallos. Lo nuclear se volvió, por lo contrario, el símbolo de riesgos mayores de desestabilización, de crisis regional, local o planetaria, y significó, en adelante, una amenaza que remitía más bien al terrorismo y a la intervención de Estados "maliciosos", más que a la hipótesis de una guerra entre los grandes Estados responsables. Pierre Hassner lo ha dicho contundentemente, las armas nucleares "se vuelven el ejemplo extremo, no del orden sino de una zanja entre el carácter global y difuso de los problemas y el carácter parcial y especializado de los organismos encargados de gestionarlos o de controlarlos[15]". Si bien no es algo que se vea muy bien en el marco de la ética, estamos tentados en agregar aquí que con la desintegración del sistema soviético y el fin de la Guerra Fría, los más beneficiados fueron aquellos organismos capaces, incluso parcialmente, de actuar eficazmente frente a problemas que ya no se resolvían, como los que planteaban la diseminación nuclear contemporánea, o el riesgo de un terrorismo nuclear.

Lo nuclear, en la época de la Guerra Fría, hacía cada vez menos probable la guerra entre numerosos Estados, y proporcionaba un control, sin duda parcial y desigual, pero un control al menos muy real, de la violencia. Aseguraba un orden planetario puesto que combinado con el principio de bipolaridad impedía la subida de las violencias al extremo, para las dos superpotencias, y más allá de estas, para todos aquellos que estaban más o menos en sus órbitas, y que constituían la gran mayoría de los Estados. Por lo mismo que todo desplazamiento de un equilibrio, incluso local, corría el riesgo de generar la escalada de la tensión y de los desequilibrios mayores. El planeta salió del orden nuclear, para retomar la expresión de Philippe Delmas[16], sin que por ello haya entrado en una

---

[15] Pierre Hassner, *La violence et la paix. De la bombe atomiuque au nettoyage ethnique*, París, Ed. Esprit, 1995, p. 55.

[16] Philippe Delmas, *Le bel avenir de la guerre*, París, Gallimard, 1995.

era postnuclear. Desde entonces, conflictos y violencias localizadas, de "baja intensidad", dicen los expertos, disponen de más espacio para surgir, y se vuelve difícil el impedir que no degeneren en una barbarie masiva cuyas masacres en Ruanda o la ex Yugoslavia no han sido, quizás, más que sus expresiones primeras.

El fin de la Guerra Fría no es deudora en sí misma a las significativas violencias, pero sí debe mucho al desgastamiento y a la sola descomposición del régimen soviético. Esta descomposición ha sido en su conjunto poco violenta, más bien ha tendido como consecuencia la emergencia de violencias localizadas en el seno propio del antiguo imperio soviético, comenzando por aquellas del Cáucaso, después con las de Chechenia.

Es posible que la Guerra Fría haya funcionado también como factor de obnubilación sobre los determinantes y las significaciones de diversas experiencias de violencia de los años cincuenta hasta los ochenta, y que lo que parece ser algo nuevo –más allá de la importancia que tienen los factores ligados al juego de los actores locales, en el campo, y ya no sean aquellos de las influencias exteriores lejanas–, haya sobre todo sido en realidad el hecho de que fuese más visible, o mejor percibido el fenómeno. Empero, incluso cuando los analistas avisados de esta hipótesis se esfuerzan de tomarla en cuenta, la conclusión de los investigadores es que el fin de la Guerra Fría aporto muchas modificaciones considerables[17].

Sería abusivo decir que estas no podían más que revertir la apariencia de violencias necesariamente más numerosas y más graves. Empero, es justo decir que el después de la Guerra Fría se caracteriza por las condiciones favorables a la apertura de espacios de violencia hasta ahora reducidos o inexistentes.

3. Algunos conflictos limitados

Es posible, igualmente, extender nuestro razonamiento sociológico de conjunto hacia abajo, al considerar no solamente el fenómeno ma-

---

[17] Cf. Por ejemplo François Jean y Jean-Christophe Rufin (coords.), Économie des guerres civiles, París, Hachette, coll. "Pluriel", 1996. Cf. Igualmente Pierre Hassner y Roland Marchal (coords.), *Guerres et sociétés. État et violence après la Guerre froide*, París, Khartala, 2003.

yor, macro-histórico, que constituyó la Guerra Fría, o al interesarnos exclusivamente en la figura masiva del movimiento obrero y del "gran relato" del que fue su héroe, sino con vistas de análisis de situaciones mucho más limitadas y, por ejemplo, aquellas que dan cuenta, al menos en Francia, de la noción de violencias urbanas. De este modo, cuando en ese país se organiza, desde Marsella, pero también a partir de los suburbios de Lyon, una "marcha para la igualdad y en contra del racismo" en 1983, la acción aunque se compone de una dimensión, de hecho muy minoritaria, con la tendencia anunciada a la radicalización, es ante todo una presión no violenta, comparable en su espíritu a las luchas por los derechos cívicos en los Estados Unidos de los años cincuenta y principios de los años sesenta. Esta excluye la violencia, incluso siendo lo opuesto, y de hecho su adversaria, pues construye una protesta pacífica, una demanda democrática que entenderían los responsables políticos, al punto de que los líderes de la Marcha serían recibidos en el Eliseo por el jefe de Estado François Mitterrand. Entre más su aliento empeoraba, las esperanzas que las habían hecho nacer se disipaban, y muchos disturbios, con muchas conductas de rabia, particularmente en los suburbios de la ciudad de Lyon, vendrían a expresar la cólera y el sentimiento de no ser ni reconocidos ni comprendidos. El desconcierto de los jóvenes se alimentó del hecho de que ellos no eran más que una salida política para una acción reivindicadora y no violenta. En Vaulx-en-Velin, por ejemplo, la violencia urbana de los disturbios, de los rodeos y del odio precedió la marcha de 1983, y le sucedió con una marca de grandes carencias en cuanto a la conflictividad de las expectativas de los jóvenes de estos barrios populares. Del mismo modo, y siempre en esta pequeña ciudad de los suburbios de Lyon, la gran revuelta de 1990, generalmente considerada como la más importante de todo este periodo, a la escala del país, fue seguida por la aparición o el reforzamiento de asociaciones que, cual *ágora*, hicieron claramente y explícitamente la elección de transformar la violencia de los jóvenes en conflicto social y político, lo que alimenta, por lo general, las relaciones a veces muy tensas con el poder municipal –pero que son relaciones que no tienen nada que ver con la revuelta o las agresiones en contra de las personas o los bienes–.

El hecho de que en tales experiencias la acción conflictiva, más o menos institucionalizada, resulte en violencia conduce a introducir una hipótesis que puede parecer paradójica, que en todo caso nos recuerda que todo razonamiento demasiado simple, demasiado determinista es con rapidez falaz: esta hipótesis hace de la violencia un elemento fundador del conflicto, su punto de inicio, la condición inicial a la constitución de los actores. En ciertos casos, en efecto, para ciertos actores la participación a un episodio de violencia, perturbador por ejemplo, constituye un momento iniciático donde se expresa y se cristaliza una subjetividad hasta entonces reprimida, poco o no explicita, o muy inquieta o desdichada para haberse podido manifestar. De este modo, a veces, en el terreno, los jóvenes de los "suburbios" llamados "difíciles" explicaban que ellos se politizaron o comprometieron en la vida asociativa (pero también, en dado caso, que hayan descubierto el Islam) después de haber participado de manera espontánea, y sin mucho hacerse la pregunta, en un disturbio que tuvo como consecuencias algún tipo de "exacerbación" policíaca.

Encontramos de nuevo aquí la idea de que violencia y conflicto se oponen, por lo que deben ser matizadas. Por otro lado, resulta que se asocian aún más directamente que en la paradoja que viene de ser señalada, en cuanto que en ciertas situaciones el conflicto es radical, o en cuanto la violencia se limita a las dimensiones instrumentales, que la reducen a los cálculos de los actores que han encontrado en ella un recurso que logran dominar y controlar. De ahí la idea de una contradicción entre violencia y conflicto que constituye, no una teoría general o una regla absoluta, sino una herramienta de análisis, una hipótesis del que el investigador puede servirse como un proyector para esclarecer tal o cual experiencia concreta, con ciertos resultados susceptibles de variar de un caso al otro.

La relevancia de esta de herramienta sociológica nos parece que puede fortificarse, si se le compara con dos pensadores de la violencia que marcaron ampliamente la vida intelectual y política, uno de ellos es Georges Sorel, cuyas "reflexiones" acompañaron el impulso del movimiento obrero, el otro es Frantz Fanon, alta figura del periodo de las luchas de la descolonización.

4. Contra Georges Sorel, y con Frantz Fanon

En la abundante literatura consagrada a la violencia y al conflicto, George Sorel y Frantz Fanon, quienes fueron cada uno figuras comprometidas, han sido con frecuencia asociados uno a otro, esencialmente porque los dos se han interesado, para pensar la violencia, en la subjetividad de los actores. Y, si no es absurdo compararlos y acercarlos, más importante es comprender lo que los separa en el punto particular que nos ocupa, y que no habría evidentemente que reducirlo a la obra ni de uno, ni del otro.

a. Georges Sorel

Para Georges Sorel, a quien Hannah Arendt acusaba de amalgamar el marxismo y la filosofía de la vida de Bergson[18], y al que Jean-Paul Sartre[19] le reprochaba por sus "habladurías fascistas", la violencia es fundadora del actor de protesta. Esta no le permite deformarse ni hacerle sombra al "sindicalismo obrero (*trade-union*)". que es el de un sindicalismo negociador. Fundadora del actor, esta posee, según él, las dos virtudes. Por una parte, la violencia obrera iría de par con el mejoramiento de la acción, a la que le aportaría una "eficacia extraordinaria"; y, por otra parte, esta obligaría a la burguesía a asumir su vocación de actor dominante, y haría del capitalismo sus "cualidades belicosas". Dejemos de lado la contradicción que hay en Sorel cuando evoca por un lado la vitalidad de la burguesía re-encontrada gracias al recurso de la violenciay, por el otro lado, su desaparición, que no sería más que "una cuestión de tiempo". Dejemos de igual modo de lado el debate que de algunas lecturas de Sorel se ha hecho mención, debido a que tratan de ver en sus diversos textos lo contrario, o casi, de lo que nos dicen muy explícitamente sus célebres *Reflexiones sobre la violencia*[20].

Lo esencial en la perspectiva que nos interesa aquí es que Sorel propone una teoría del sujeto colectivo que descansa sobre una valoriza-

[18] Hannah Arendt, *Du mensonge à la violence, essais de politique contemporaine,* París, Calamann-Lévy, 1972.

[19] En su prefacio a *Les Damnés de la terre*, de Frantz Fanon, París, Masperó, 1961.

[20] Cf., por ejemplo *Violence and Utopia. The Work of Jeromme*, Boime, ed. por Albert Boime, Lanham-Nueva York-Londrés, University Press of America Inc., 1996; según Jerome Boime, la violencia en Sorel puede ser comprendida como la extinción de la acción social, que sería en este autor lo contrario al conflicto.

ción de la violencia, del punto de vista del actor contestatario, aquel del actor dominante, pero también al considerar la relación que al mismo tiempo los liga y los opone. Sorel, en efecto, va muy lejos al asociar esta conflictividad dosificada a la violencia con ciertas propuestas que valdrían para todas las civilizaciones –"La violencia, escribe (...) aparece de esta forma como algo muy bello y muy heroico, al estar al servicio de los intereses primordiales de la civilización (...), incluso puede salvar el mundo de la barbarie"[21].

De hecho, aplicada al movimiento social y al conflicto estructural de la sociedad industrial, esta teorización es difícilmente aceptable. Pues esta se vislumbra como inadaptada históricamente, en Francia, en el momento en el que Sorel escribía, con el distanciamiento del sindica-lismo revolucionario de la violencia, incluso social, a finales del siglo XIX. Esta teorización se desmoronó en 1908 con la derrota mayor de este sindicalismo, que permanecía singularmente radical y que se ad-hería a la acción directa, pero cuya gran tentativa de huelga general quedó saldada con un fracaso implacable, que tuvo a relatar muy bien Jacques Julliard[22], y en donde finalmente se llevó a cabo la mutación del movimiento obrero, en el momento de la guerra del 1914-1918, y un distanciamiento de las ideas anarco-sindicalistas.

De manera más generalizada, a partir del momento cuando el actor construye una acción colectiva organizada, poderosa y eficaz, como fue el caso del movimiento obrero después de la Primera Guerra Mundial, la negociación y la institucionalización deja de atemorizarlos, más bien todo lo contrario, incluso si estas no llegan a constituir de ningún modo algún horizonte. Durante todo el transcurso entre las dos guerras, des-pués seguido hasta los años setentas, el movimiento obrero llevó com-bates que fueron a veces largos y rudos, pero cerrando por lo general el espacio a la violencia, que ha marcado siempre, en su historia, su fragi-lidad, su crisis, e incluso su desestructuración. El enfoque de Georges Sorel propone una ideología al movimiento social y, por tanto, al con-flicto emergente en su tiempo, empero no permite de ninguna manera el pensar el conflicto en cuanto que una relación instalada y estructurada. Es justo lo que da cuenta, no sin alguna crueldad, Hannah Arendt, en

---

[21] Georges Sorel, *Réflexions sur la violence*, París, Genève, Slatkine, 1981 [1908], p.110. Las expresiones citadas precedentemente provienen del mismo libro.

[22] Jacques Julliard, *Clemenceau briseur de grèves*, París, Julliard, 1965.

su crítica a Sorel: "Tan pronto los obreros pudieron beneficiarse de las condiciones satisfactorias de vida y trabajo, rechazaron obstinadamente de permanecer siendo proletarios y desempeñar el papel revolucionario que se les había atribuido"[23].

b. Frantz Fanon

Todo cambia, por lo contrario, cuando la violencia ya no supone caracterizar al actor dominado, con la lógica de construcción de una relación conflictiva con el actor dominante, sino más bien lo que resulta es en una lógica de ruptura. Cuando el actor contestatario entiende que ya no hay que desarrollar su combate al interior de una relación con un adversario, sino separarse de este, cuando la figura del adversario cede el lugar a la del enemigo, entonces la violencia puede definir una inevitable dimensión de la acción.

El pensamiento del último Fanon, aquel que redactó *Los condenados de la tierra* (publicado en 1961, año de su muerte), merece aquí toda nuestra atención. Ciertamente, hay un extremismo, en algunos de sus análisis, y la tesis es a veces un poco demasiado retórica en relación al objetivo de una demostración, por ejemplo, cuando él presenta el Lumpen-proletariado como vanguardia revolucionaria en las ciudades. Empero, el razonamiento es de una gran fuerza, cuando explica que en el universo maniqueo de la colonización, el colonizado debe constituirse partiendo del no-hombre para llegar al hombre, y que ello pasa por medio de la violencia. La violencia descolonizadora en Fanon crea al actor, al ser humano como sujeto de su existencia, tema retomado y radicalizado por Sartre[24] en el prefacio de su libro –"La cosa colonizada se vuelve hombre en el proceso mismo por el cual ésta se libera"[25]–. Para Fanon, la violencia primigenia es aquella del opresor, la que explota, domina, excluye al colonizado, pero también lo niega o lo desprecia en su lengua, su cultura, su historia. La violencia del colonizado es liberadora, pues promete, como lo dice Alice Cherki, el hacer "acto de des-

---

[23] Hannah Arendt, *op., cit.*, p. 182.

[24] Numerosos comentarios, en la época de la aparición del libro de Fanon a lo mucho, subrayaron la distancia que separa el autor de su relación pre-facista. De este modo, para Alice Cherki, Sartre "justifica la violencia mientras que Fanon la analiza". En Frantz Fanon, *Portrait,* París, Seuil, 2000, p. 260.

[25] Jean Paul Sartre, prefacio a Frantz Fanon, *op., cit.*, p. 3.

ajuste" y de terminar ello con la alienación, de invertir "la experiencia de la vergüenza y de la de-subjetivación"[26].

Llega el momento en la historia que se constituyen las naciones independientes y los Estados soberanos a partir de una situación de dominación extranjera o de colonialismo sin que la violencia sea el principal operador del cambio: el enfoque de Fanon vale, quizás mucho más, para el punto de inicio de la acción y la decisión del colonizado de terminar en ello con la colonización, así como la toma de consciencia que hace de ello el sujeto, más que por todo lo demás que se involucra, a saber, la violencia armada del movimiento de descolonización o la de liberación una vez que se ha constituido. La historia, por otro lado, nos enseña que estos movimientos, a su vez, pueden transformarse en fuerzas de opresión, y al límite en Estados autoritarios, tema del que Fanon era particularmente sensible. No hace falta, entonces, en ningún espacio, transformar un tipo de razonamiento en teoría general, con validez absoluta: la violencia puede ser una modalidad de ruptura, y encuentra su lugar en este tipo de situaciones, pero esta no aparece ahí necesariamente, y no obedece a un determinismo absoluto.

Ahí en donde el conflicto es imposible, cuando la parte de lo que no puede tratar se vuelve central, en donde está en juego la disociación, la salida de un espacio político o social común, cuando el horizonte es la ruptura, la violencia, nos dirá Fanon, puede volverse fundadora. En muchas de estas situaciones, esta ofrece efectivamente una posibilidad directa a la emancipación: ella parece ser aún más la condición que la separación, por lo que es también vital para los que la reclaman como inaceptable para quienes la solicitan. Empero, demos cuenta al distanciarnos un instante de la referencia de Fanon, que la violencia no es la sola y única modalidad del cambio. De este modo, una alternativa puede serle opuesta, constituyendo su contrario, explícitamente reivindicada, que sería la no-violencia, elección que implica inmensas cualidades humanas, políticas, estratégicas para los actores contestatarios que la adoptan, para aquellos que se le oponen frente a ellos, así como con frecuencia, en el seno mismo de su movimiento. Esta elección no es posible más que si las expectativas de separación son masivas, y si se instaura, entre el movimiento y un líder carismático, una confianza a toda prueba, capaz de tomar la facha de una afirmación moral

---

[26] Cf. Alice Cherki, *op., cit.*, París, Seuil, 2000, p. 300.

irreductible. Esto implica también que el adversario sea susceptible de verse conmocionado por una afirmación semejante, por ejemplo, con el hecho de que en su seno existe una opinión democrática o humanista, o sino porque estaría perceptivo a las presiones externas que suponen venir a liberar a los mismos actores.

Relacionar los pensamientos de Sorel, que asocia relación social estructural y violencia, con los de Fanon, quien liga la violencia con la liquidación de la relación colonial, nos confronta con la idea de que la violencia es la negación del conflicto, en el sentido estrecho que se le ha dado a este término. Hay que, por lo tanto, subrayar la distancia que separa a estos dos pensadores, más que su proximidad. Esta distancia no se abole más que cuando en realidad, la idea de conflicto social es en sí misma abolida, en beneficio del llamado a la ruptura revolucionaria, tema omnipresente en Sorel, que detestaba al socialismo reformista, o a aquel de una adhesión a la fusión fascista de lo nacional, de lo social y de lo político. Se sabe que por ahí, a finales de su vida (muere en 1922), Georges Sorel se mostró particularmente interesado por el bolchevismo, y fue gran admirador de Lenin, cuando pudo haber tenido alguna inclinación hacia la "nueva derecha" de los años de 1910, por el hecho de que su pensamiento haya podido inspirar a ciertos fascistas, comenzando por Mussolini. Pero, esto es otra historia.

Conclusión

Somos huérfanos de dos grandes conflictos, uno social –la lucha de clases– y el orto geopolítico e internacional –la Guerra Fría–. Y, en este nuevo dato histórico, que marca el fin del siglo XX, el espacio de la violencia parece ser considerablemente abierto y renovado.

¿Podría decirse que estamos condenados a vivir en un universo donde, a falta de conflicto estructural y estructurante, los riesgos de violencia se desmultiplican, con un fondo de individualismo desbocado y de auges de los comunitarismos de todo tipo? Algunos de nosotros ya no conoceremos o en todo caso no antes de que haya pasado mucho tiempo, aquellos conflictos tan fundamentales como los que acaban de ser evocados. Hemos entrado, como lo afirma por ejemplo Irene Travis Thompson para ciertas sociedades, en el dominio del individualismo "puro" y debemos aprender a admitir que ahí hubo "desliz de un modelo del conflicto a otro modelo, en el cual el individuo se ha encapsulado en la sociedad"[27]. Para otros más numerosos, consideran que la época está en la fragmentación cultural y social, en la desmultiplicación de las formas de desigualdad, de los tipos de dominación,[28] partiendo de las fuentes y de las formas de conflictos. En esta perspectiva, el conflicto no desaparece, se disemina, se diversifica, estalla, en una multitud de oposiciones todas siempre cargadas de sentido, pero sin que se pueda, al menos fácilmente, evocar cualquier tipo de unidad o centralidad. El conflicto cesa entonces de ofrecer un principio de estructuración por arriba, válido para toda la colectividad, permite menos una infinidad de situaciones, y de poder limitar el espacio de la violencia.

Acaso, ¿no encontramos en esta reflexión el espíritu de Georg Simmel, siempre tan desconfiado con respecto a toda generalización teórica? A ver, no hagamos una regla absoluta de la oposición entre violencia y conflicto, tengamos el sentido del matiz, reconozcamos la complejidad de lo real. Entre los puertos extremos del eje que conduce del conflicto perfectamente institucionalizado a la violencia más desbocada, existe una infinita variedad de situaciones menos tajantes, inciertas, fluidas o indecisas, en las que la relación conflictiva entre adversarios no excluye la violencia, y donde esta puede presentarse generadora de conflictos pacíficos. Se trata de que las dos lógicas, que hay que distinguir analíticamente, puedan reencontrase, véase apoyarse hombro a hombro, y no solamente chocar; donde mirarse de lejos no sea algo aberrante. El conflicto no prohíbe el odio, y su resolución no desgasta necesariamente el sentido del antagonismo. Siempre se es susceptible de dejar de lado las dimensiones, las expectativas, ciertas pasiones que podrían turnarse en rabia y cólera. La violencia tiene su lugar en los márgenes del conflicto, ahí en donde es inoperante, impotente, para hablar como Simmel: asegurar la "unidad" de las partes concernidas, ella encuentra también su lugar cuando el odio o una hostilidad irreductible está en el corazón de la acción. Pero, fundamentalmente, violencia y conflicto dan cuenta de registros diferentes, que están en contradicción mucho más que ser complementarios.

---

[27] Irene Travis Thompson, *In Conflict no longer. Self and Society in Contemporary America*, Lanham, Roman and Littlefield pub. Inc. 2000, p. 2

[28] Cf. Por ejemplo, Danilo Martuccelli, *Dominations ordinaires*, París, Balland, 2001.

CAPÍTULO 2
La violencia y el estado

1. ¿El estado, el fondo del problema?

Es un clásico, en el análisis de la violencia, el distinguir ciertos niveles. En los años sesenta, por ejemplo, Pierre Hassner exigía que se diferenciaran tres. El primero era aquel del sistema internacional, que para él remitía entonces "al equilibrio bipolar de la disuasión y, en Europa, a la división territorial de los dos bloques"[1].El segundo era aquel de los Estados, con sus preocupaciones interiores y diplomáticas, y el tercero, aquel de las sociedades, en el interior de los Estados, con sus sistemas políticos cada uno, sus estructuras y sus dinámicas. Esta distinción, que nosotros mismos habíamos utilizado en los trabajos que trataban sobre el terrorismo de los años setenta y ochenta[2], no ha perdido, sin duda, nada de su pertinencia. Ciertamente todo se está centrando en el Estado, que es el verdadero nudo del problema, sin embargo, esta distinción es en la actualidad cuestionada debido a las transformaciones considerables que han obligado a renovar las categorías de análisis en el nivel del Estado y a dejar, o casi, de ocuparlas.

Pensar la violencia a la escala internacional era en el pasado, considerar de manera clásica las relaciones entre Estados susceptibles de incluir la violencia, lo que significaba, fundamentalmente, pensar la guerra y la paz entre Estados o, como lo decía Raymond Aron en su obra maestra, entre naciones[3]. Analizar la violencia al nivel del Estado era ante todo interesarse por las tentativas de actores políticos para conquistar el poder de Estado, en la guerra civil, en la acción revolucionaria por ejemplo, y por otro lado, significaba abordar los procesos históricos

[1] Pierre Hassmner, *op., cit*, París, Ed. Esprit, 1995, Fayard, 1989.

[2] Michel Wieviorka, *Sociétés et terrorisme*, París, Fayard, 1989.

[3] Raymond Aron, *Paix et guerre entres les nations*, París, Calmann-Lévy, 1962.

que convergen en la creación de los Estados independientes a partir de una situación colonial o de dependencia nacional. Y, con ello, se trataba de examinar la posibilidad de la violencia en la sociedad, al interior de los Estados, lo que resultaba en tomar como objeto de análisis las conductas, que tenían como marco de referencia al Estado, por el hecho de que este, según la fórmula bien conocida de Max Weber (a la que regresaremos más adelante), está dejando de disponer del monopolio legítimo de la fuerza: lo que significa que toda aparición de una violencia más allá de la del Estado significaría regresar al punto de vista del cuestionamiento y disputa de este monopolio.

En la tradición intelectual moderna, en las ciencias políticas, jurídicas y sociales clásicas, la cuestión de la violencia es inseparable de aquella del Estado, incluso si, en la evidencia, esta no se limita a este. Esta perspectiva dominó el pensamiento hasta años recientes, donde los fenómenos concretos de violencia no eran cuestionados por los niveles superior (internacional) e inferior (social) de los que Pierre Hassner hizo la distinción.

Por lo tanto, este punto de vista ya no es suficiente, o es cada vez menos conveniente. Una profunda inflexión, en efecto, se operó desde los años noventa del siglo XX, perceptible a todos los niveles del fenómeno. La violencia y el Estado ciertamente continúan manteniendo relaciones estrechas. Empero, ya no es posible de circunscribir muy estrictamente el análisis, en el marco de estas relaciones, más bien desde entonces es necesario abrirse a otras perspectivas.

2. El Gran desorden

Hasta finales de la Guerra Fría, como lo hemos visto, el mundo estaba estructurado fundamentalmente por la bipolaridad Este-Oeste; y debido, notoriamente, a la institucionalización del movimiento obrero, por el Estado que aparecía como la fórmula por la cual se organizaba y se integraban la vida política en el interior; así como la vida económica y social, y la cultura.

Cual imagen de un planeta ordenado, en lo que concierne a las relaciones entre Estados, desde el punto de vista del principio central de conflictividad, y aquellas de Estados capaces de asegurar en su seno la correspondencia y la integración de la política, de la economía y de la cultura, le siguieron otras representaciones, que ya no insisten en la idea de una división principal, sino sobre otras ideas opuestas. Por un lado, el mundo estaría en proceso de unificación generalizada: en términos económicos, con el efecto directo de la mundialización; en términos culturales como consecuencia de la misma mundialización, que bajo la hegemonía norteamericana, aportarían los mismos bienes culturales en el mundo entero; y, a lo mejor también políticos, si se le quiere considerar a los Estados-Unidos como una superpotencia que está en conflicto con otra que era la Unión Soviética, y que terminaron en convertirse en "híper-potencias" sin parangón. A lo mucho, el planeta habría entrado en el "fin de la historia", en la generalización de la democracia y del mercado, como lo afirma desde la caída del muro de Berlín Francis Fukuyama, en su obra que levantó muchas polémica y ruido[4].Y, por otro lado, el mundo sería dominado por las lógicas de fragmentación cultural y social desarrollándose bajo el fondo de impotencia creciente de los Estados frente a las fuerzas salvajes y brutales del mercado.

De este modo, la noción de mundialización se impuso, a partir de los años ochenta, remitiendo a la liberación del intercambio, a la internacionalización de los flujos financieros, y a las estrategias planetarias conjugadas con el capital y los inventores de las nuevas tecnologías. Con ello, un debate se instauró relativo a esta noción de la mundialización, pero también y sobre todo, el debate se centró en torno a sus supuestas consecuencias para la sociedad. La mundialización ha sido criticada por su impacto directo sobre los Estados-naciones, que los debilitaría, cuestionando su soberanía y la capacidad de sus dirigentes de desarrollar las políticas económicas eficaces –por lo que si el Estado territorial clásico se desmoronaría, como lo explica Ghassan Salamé[5], la forma de violencia que le es más directamente ligada, la guerra inter-estatal, también tomaría importancia, en beneficio de otras formas, como guerras civiles, masacres interétnicas por ejemplo, cuya importancia en el mundo contemporáneo viene cada día a desmentir la utopía de un

---

[4] Francis Fukuyama, *La fin de l'historie et le dernier homme*, París, Flammarion, 1992.

[5] "Así como la emergencia del Estado territorial, hace dos o tres siglos, iba de par con la guerra interétnica, explicando y nutriéndolo, el desmoronamiento del Estado territorial y la proliferación de las guerras civiles son en realidad dos procesos que se refuerzan mutuamente, uno esclareciendo y el otro favoreciéndolo", Ghassan Salamé, *Appels d'empire. Ingérences et résistances à l'âge de la mondialisation*, París, Fayard, 1996, p. 95.

modelo de menos en menos violento, donde la barbarie retrocedería constantemente–.

La mundialización liberal fue también criticada por sus consecuencias sociales y culturales: pues reforzarían las desigualdades, fragilizarían las identidades y se empujarían entre ellas al repliegue comunitario o a la retracción nacionalista, y entre otras –si no es que muchas de ellas– conllevarían a la radicalidad y a la agresividad.

Estas críticas políticas, sociales y culturales fueron llevadas a cabo por actores contestatarios, que primeramente afirmaron su hostilidad a la mundialización, después, de manera más precisa, se enfocaron en la denuncia de su carácter neo-liberal para volverse cada vez más portadores de contra-proyectos y de llamados al "alter-mundialismo" en pro de otra diferente mundialización. Al subrayar la arrogancia de las elites económicas, en particular cuando estas se reunían con motivo de los *Forums* de Davos, y al cuestionar los modos de regulación de la economía internacional, los contestatarios particularmente en las grandes manifestaciones grupales, como en Seattle (1999), después en Porto Alegre, en Génova, etc., pudieron vislumbrar un punto fundamental: que es que detrás de lo que se llama "mundialización" hay también, y sobre todo, un vacío y un gran desorden, así como por un lado el desgaste del antiguo orden mundial y, por el otro, el declive de las formas de organización, de integración estatal y de los proyectos de desarrollo que, hasta los años setenta, estaban a ello asociados. Este desorden no excluye, que después con los años cuando el planeta parecía dejarse llevar por las puras fuerzas de la economía, el retroceso del poder de Estado, empezando por los Estados Unidos, y motivados por los atentados del 11 de septiembre del 2001 a constituirse en Estados en guerra en contra del terrorismo, y no solamente contra este fenómeno, como se puedo ver en marzo del 2002 con la guerra de Irak.

Es en este contexto, que el término de mundialización vino a designar, más bien de manera confusa, que la violencia tendría y debía que pensarse en la actualidad. El gran desorden internacional, en efecto, pudo motivar a ciertos Estados a tomar la vía de la violencia y lo beligerante, como los llamados Estados "no deseados o ejes del mal", denunciados por la propaganda de la administración norteamericana, pero en el nombre de los cuales también, siguiendo al intelectual crítico Noam Chomsky, habría que agregar a esa lista a los Estados Unidos.

Conjugado todo ello con el deterioro de las formas clásicas de integración estatal, este contexto motivo a ciertos actores, de manera cercana o lejanos al Estado y a la nación, a lanzarse a lo que Hans-Magnus Enzensgberger ha llamado las violencias "moleculares"[6], o a enlistarse en los combates que resultaban por lo contrario ser meta-políticos y/o religiosos, relativos a los envites que van más allá de la simple idea de una prolongación de la política por la guerra, como ha sido el caso, por ejemplo, con el terrorismo global en el que el solo nombre de Bin Laden simboliza el ataque del 11 de septiembre de 2001.

La violencia permite, de este modo a veces, a un grupo respaldado por una identidad cultural a presentarse como en resistencia frente a la economía mundializada. También puede, inversamente, ser un recurso que permita a un tipo de identidad de participar en la globalización, y de no perderse o ahí disolverse. Sea que se trate de conductas defensivas, de resistencia, o de ciertas conductas contra-ofensivas destinadas a autorizar una participación a la modernidad global, o bien sea que se trate para el actor de entrar en guerra contra tal o cual aspecto de la modernidad, de romper con ella, y encontrar ahí su lugar lo importante es ver que el marco autorizado a pensar la acción violenta no es necesariamente contra el Estado, sino que esta puede venir y ser mucho más amplia, incluso de amplitud planetaria, como en el caso del terrorismo de Bin Laden, lo que no le impide de ninguna manera ser eventualmente muy estrechamente de forma localizada.

En el mundo contemporáneo, las fracturas sociales y culturales dibujan otras líneas que aquellas de las fronteras entre Estados, y que no se encierran ahí necesariamente. Estas pueden reforzar y separar a los países, véase regiones enteras, "in", de aquellas que no lo son, "out", jugando al mismo tiempo, y muy fuertemente, en el interior de los países y de las regiones más desarrollas: estas pueden asumir la imagen de fenómenos de diáspora, cuyos actores expresan eventuales demandas que no se detienen con tal o cual Estado, incluso véase sobre todo que se inscriban en el espacio político de varios Estados, como es el caso con la cuestión kurda, bien analizada por Hamit Bozarslan[7]. O, incluso

---

[6] Hans Magnus Enzensgberger, *La Grande Migration, suivie de Vues sur la guerre civile*, París, Gallimard, 1995 [1993].

[7] Hamit Bozarslan, *La question kurde. États et minorités au Moyen-Orient*, París, Presses de Sciences Po, 1997.

todavía estas pueden corresponder al auge de religiones, comenzando por el Islam, cuya agenda no coincide con aquella de los Estados o de un más vasto conjunto civilizacional, en la medida en que está presente tanto en Europa, como en los Estados Unidos. De hecho, esta es una de las razones por las que la tesis fundamental de Samuel Huntington sobre el "clash" de las civilizaciones se queda corta, por el hecho de subestimar la realidad de la presencia y del empuje de las identidades culturales ligadas a las diásporas o a las religiones como el Islam en el seno de las sociedades occidentales.

Podemos aquí, ir más allá y considerar que el gran desorden al que se le llamó mundialización liberal de la economía, con todo y sus supuestas consecuencias en términos de fragmentación social y cultural, ha contribuido a la *mundialización de la violencia,* o a la violencia global, es decir, al auge de sus formas contemporáneas, desintegradas y de hecho susceptibles de ser a la vez localizadas y planetarias. De este modo, las violencias ligadas al Islam radical, en el mundo contemporáneo desde Argelia hasta el Pakistán, pero también de los Estados Unidos hasta Indonesia, pasando por Europa, dan al mismo tiempo la imagen de la acción desterritorializada, en redes, o redes de redes, y ofrece una visión político-religiosa de lo que debería ser el mundo, es decir, el de un combate sin cuartel del bien contra el mal, pero también una visión de las luchas localizadas con envites territoriales muy concretos, control político y económico de una zona –por ejemplo, lo que eventualmente nos remitiría al Estado, a ciertos proyectos clásicos de toma del poder, de constitución de un Estado independiente, o de presión política sobre un Estado específico–. Estas violencias son susceptibles de tener un alcance a la vez planetario, como lo vimos con los atentados del 11 de septiembre del 2001, y de inscribirse en algunos juegos locales limitados por su calidad de locales. Lo que impide pensarlos en el único marco del Estado, cualquiera sea, pero no dando, sin embargo, como caduca la referencia al marco estatal: si el terrorismo global de Bin Laden o del ISIS remite al proyecto de un orden religioso o político planetario, este nos remite también, muy ciertamente, a cálculos estratégicos relativos al futuro político de ciertos Estados, como Arabia Saudita.

Del mismo modo, las diásporas desempeñan un papel importante en el dominio de la economía criminal y en el apoyo a ciertos movimientos armados –un papel que no es nuevo–, pero que se ha acentuado y reforzado a través de lo que Aliene Angoustures y Valérie Pascal llaman los "fenómenos de los estados en red"[8], y cuando la violencia armada resurge en el seno de las diásporas, al final, es lo que logra ejercer presión política sobre los Estados, o incluso permite que estas diásporas participen en algunos combates que ponen la violencia en juego: como la violencia kurda en los años ochenta y noventa, que llegó a veces a expresarse, más allá de Turquía, en el seno de la emigración por ejemplo en Alemania, con el objetivo de crear una relación de fuerza que fuese favorable al PKK (Partido de los Trabajadores del Kurdistán). Del mismo modo, la diáspora armenia pudo visibilizarse, a mediados de los años setentas hasta principios de los años ochenta, en la acción clandestina de la ASALA (Armada Secreta Armenia para la Liberación de Armenia), cuyas redes llegaron hasta poner en obra un terrorismo sin perspectiva (como el atentado al aeropuerto de Orly de París en julio de 1983).

Así, nos hace falta pensar la mundialización de la violencia como un fenómeno que no se termina por cerrar más que de manera parcial en el marco del revestimiento de un sistema internacional de Estados y de sus eventuales conflictos armados.

3. Tomar el poder de Estado, crear un Estado

En el curso de los años ochenta y noventa, una evolución no menos impresionante se llevó a cabo en la relación directa de la violencia política al Estado.

a. Extrema izquierda, extrema derecha y nación

En el mundo entero, en efecto, la violencia política y a veces su forma extrema, radicalizada, como el terrorismo de extrema izquierda, el de extrema derecha o el nacionalista, desempeñaron un papel considerable después de la segunda guerra mundial, y hasta los años ochenta. En el seno de los países occidentales y particularmente en Europa, el declive histórico del movimiento obrero quedó saldado, como se vio en el capítulo precedente, por el empuje de grupos que continúan reclamándose de ser parte de ello, cada vez de manera más artificial, y cada vez son más impedidos los atentados de los propios obreros. Diversas

---

[8] Aline Angoustures y Valérie Pascal, "Diasporas et financement des conflits", in *Economies des guerres civiles*, op., cit., pp. 495-542.

variantes del marxismo-leninismo han, desde entonces, alimentado los círculos con pretensión revolucionaria, tendiendo al terrorismo a finales de este periodo –como fue el caso de las Brigadas Rojas italianas, la Fracción Armada Roja alemana, la Acción Directa francesa, etc.. Por parte de la extrema derecha, algunos proyectos de acción violenta, al alcance de grupúsculos o algunas redes, que han estado eventualmente ligados con algunos servicios secretos, pudieron igualmente existir, muy alejados de la institucionalización de las derechas radicales que comenzaron a configurarse a finales del siglo XX, con, por ejemplo, la transformación del partido neofascista italiano o con el éxito del Frente Nacional (FN) en Francia.

La época de la violencia política de extrema izquierda, tanto como de extrema derecha, está en lo esencial terminada, al menos por el momento; lo que no ha impedido vislumbrar algunos regresos feroces, como fue en Italia con el surgimiento periódico del espectro de las Brigadas Rojas, y ello a pesar de que se haya entrado en una nueva era, donde tales fenómenos reencontraron un espacio y ciertas condiciones favorables. No hay que excluir, en el futuro, el regreso de ideologías marxistas-leninistas y violencias inspiradas en estas, como se ha visto en México a finales del siglo XX, donde la guerrilla del EPR (Ejército Popular Revolucionario) resurgió, inscribiéndose en algunas orientaciones que hacen pensar en muchos aspectos a los años sesenta o setenta en el Perú donde el Sendero Luminoso surgió, y que reapareció a principios del siglo XXI, o en Colombia, donde se perpetuó, aunque bajo formas pervertidas, una guerrilla que continuaba a reclamarse como parte del marxismo.

La violencia política de los años cincuenta, sesenta y setenta no estuvieron solamente marcados a la derecha, o a la izquierda; también pudo corresponder a algunas significaciones más o menos extranjeras a esta división, comenzando por aquellas que remiten a la idea de nación. Un fenómeno mayor de la segunda mitad del siglo XX fue en efecto la desmultiplicación de las luchas de liberación nacional, eventualmente asociadas a alguna ideología marxistas/leninistas y tomando a veces la forma de la guerrilla para dar nacimiento, cuando terminaron, en nuevos Estados y en nuevos regímenes.

La violencia asociada a una causa nacional sigue siendo una realidad fundamental del mundo contemporáneo, pero ya no es tan importante, a la escala del planeta, como en los años cincuenta y sesenta. En numerosas experiencias, el nacionalismo, comprometido en el seno de los países más poderosos, puede corresponder en la actualidad, como ayer, a una fuerza considerable, pero sin lazo con un proyecto de emancipación colectiva por medio de la violencia. Se trata, por ejemplo, de la afirmación de una parte de sectores de una población que están inquietos en su ser social y cultural, o que están deseosos de tomar su distancia con otros sectores, como el de los pobres, quienes, a su vez, son vistos como un entrabe al desarrollo de su propia región. Este nacionalismo se observa hoy en toda Europa, con el Vlaams Blok en Flandes, la Liga del Norte en Italia, la FPÖ en Austria, el Frente Nacional en Francia, etc., que oscila con frecuencia entre populismo y temática de extrema derecha, y aparece en su conjunto, más o menos, como una barricada frente a la tentación de la violencia, más que como una incitación para promoverla. Entre más constituya la matriz de una acción política en el seno de una democracia, más hay necesidad de una respetabilidad que la separa de la práctica o del apoyo a la violencia. Esta matriz puede, sin embargo, asociársela a los sectores que jugaban al margen de los movimientos nacionalistas, o en las coyunturas de crisis. En este sentido, al lograr radicalizar su objetivo principal, logra manifestar un rápido giro, más de tipo étnico, véase racial, que específicamente nacionalista, y puesto que esta matriz no tiene que asegurar la liberación de una nación, como en las experiencias de dominación extranjera o del colonialismo conocidos, esta traduce más bien la preocupación de protegerla de amenazas y de influencias exteriores, y de purgarla de todo lo que mancillaría su homogeneidad.

Empero, no reduzcamos la evolución contemporánea a imágenes de procesos en sentido único, y no enterremos a la nación –cuyo historiador, Eric Hobsbawn[9], está equivocado al decir que esta constituye una realidad superada–, ni tampoco que la violencia apela a su afirmación y a su realización en un Estado. Para éste, el enfrentamiento en Cercano Oriente entre Israel y palestinos, en lo que continúa siendo una de las

[9] "El hecho mismo, escribe Hobsbawn, de que los historiadores comiencen a progresar en el estudio de las naciones y del nacionalismo deja entender que, como es frecuente, el fenómeno ha superado su cenit. El búho de Minerva que aporta la sabiduría, decía Hegel, toma su vuelo al crepúsculo. Que ésta gire en el presente alrededor de las naciones y del nacionalismo es un buen signo". Eric Hobsbawm, *Nations et nationalisme depuis 1780*, París, Gallimard, 1992, p. 238.

grandes cuestiones del mundo contemporáneo, está ahí para desmentir toda idea de un declive histórico del lazo entre nación y violencia[10]. La imagen de formas decisivas de violencia, que podrían influenciar a los actores con miras a tomar el poder de Estado, o a crear un nuevo Estado independiente con todo y sus atributos, ha perdido terreno e importancia, aunque se trate solo de lograr controlarlo. Lo que también nos autoriza a pensar la violencia de otra manera más allá de su relación exclusiva, o incluso solamente de su relación privilegiada con el Estado. A pesar de ello, contrariamente a lo esperado, esta perspectiva no ha sido condenada históricamente.

b. El ascenso de las identidades

Al mismo tiempo que se debilitan las expresiones dominantes de la violencia política pos-segunda guerra mundial, ya sea de extrema izquierda, de extrema derecha y digámoslo con prudencia, ya sea también las nacionalistas, ocupaban el protagonismo nuevas manifestaciones identitarias de violencia, en particular étnicas y religiosas. En ciertos casos, la identidad aparecía como un recurso movilizado de manera eventualmente violenta para alcanzar algunos fines económicos o políticos, entre tantos otros, al punto que parece más bien fundar una barbarie ilimitada tomando la figura de la purificación étnica o de masacres masivas, cargados de odio y crueldad más allá de los envites clásicos políticos o económicos conocidos.

La expresión de las identidades culturales, religiosas, étnicas, regionalistas u otras, parecen frecuentemente corresponder a resurgimientos, como si se tratara de significaciones antiguas, de tradiciones, de formas establecidas desde hace mucho tiempo, y que encontrarían en el mundo contemporáneo nuevas posibilidades de reaparecer, de expresarse, de relanzarse a pesar de los progresos de la modernidad. De hecho, a pesar de una apariencia efectivamente tradicional, véase fundamentalista, estas identidades son en lo esencial construcciones históricas recientes, que no tienen nada de natural, y que recuperan y "entre-maniobran" materiales identitarios antiguos; por lo que son producidas más bien

---

[10] Sobre este punto preciso, se me permitirá remitir a mi texto, "Quatre figures du nationalisme: la question de la violence", en Pierre Birngaum (coordinador), *Sociologie du nationalismes*, París, PUF, 1997, pp. 369-386.

que reproducidas, invención más que tradición[11]. Desde entonces, su violencia eventual, cualesquiera que sean las manifestaciones, no pueden reducirse a la imagen de un cosa cualquiera heredada del pasado, y Jean Baudrillard tiene razón en afirmar que "en lugar de deplorar la resurgencia de una violencia atávica, es necesario ver lo que es nuestra modernidad en sí misma, nuestra híper-modernidad, que termina por producir este tipo de violencia y estos efectos especiales cuyo terrorismo hace de ello parte también"[12].

Ahora bien, si en ciertos casos estas violencias identitarias remiten muy rápido a algunos proyectos o ciertas utopías de toma del poder o de creación de un Estado-nación, es porque dependen, por ejemplo, de que la referencia a la religión se inscriba en el marco de un nacionalismo que este acompañó o exacerbó. Lo mismo sucede si esta identidad está pensada, fundamentalmente, en una estrategia política interna a un Estado. En otros casos, el proyecto o los objetivos del actor parecen jugar a distancia o en cercanía a todo esto. Lo que nos obliga a revisar la noción de violencia política.

4. De la violencia política a las violencias infra y metapolíticas

Las significaciones que instauraban ayer la violencia al nivel político, al tiempo que se mantenían en contacto con este, en la actualidad se separan constantemente por el nivel de abajo –esto es lo que denominamos violencia infra-política–, y que al privatizarse y al tomar, por consecuencia, cierta distancia con la esfera pública, pasa por arriba –esto es lo que denominamos la violencia meta-política, pues le confiere a la acción algunas dimensiones religiosas que subordinan lo político a un principio superior, que sería el bien, y lo sagrado–.

a. La violencia infra-política

Desde los años ochenta, la privatización creciente de la economía, en particular allá donde estaba fuertemente controlada o enmarcada por el

---

[11] Cf. Michel Wieviorka, *La Différence*, París, Balland, 2001; Michel Wieviorka y Jocelyne Ohana (coordinadores), *La Différence culturelle. Vers une réformulation des débats*, París, Balland, 2001.

[12] Jean Baudrillard, "Le degré Xerox de la violence", en *Libértaion*, 2 octubre 1995.

Estado, constituye un aliento masivo a la privatización de la violencia, cuyo carácter eventualmente político se atenúa. En efecto, los protagonistas de este fenómeno se interesan menos en el poder del Estado, o en entrar al sistema político, y más al proyecto de mantener el Estado a distancia, para enfocarse en las actividades económicas más provechosas como el tráfico de droga, objetos robados, niños u órganos humanos, etc.

El panorama actual es impresionante. Se ven algunas guerrillas evolucionar, transformarse en gestores de territorios que se pueden asociar al narcotráfico, o incluso integrarlo, como ha sucedido en Colombia y ahora en México, o bien aun simplemente explotar algunos recursos que en sí mismos no presentan nada de ilegal, pero que están fuera de toda subordinación al Estado, sin pagar impuestos ni valores agregados, ni derechos de aduana. Vemos otras guerrillas también, o incluso ellas mismas, cobrar de paso su parte de la renta petrolera. Algunos actores abrazados en la espiral del terrorismo y del contra-terrorismo se revelaron, por ejemplo en la Argelia de los años noventa y principios de este siglo, de los temibles traficantes, para quien el acceso al dinero se volvió más importante que un proyecto político donde la esperanza se disolvió. Esto es lo que sugiere el examen hecho de la lucha armada en Argelia, donde diversos episodios remiten a algunos conflictos entre grupos islamistas, o entre ciertos de estos grupos y las fuerzas armadas, para apropiarse del monopolio local de la extorsión o del tráfico, el llamado *trabendo*, que puede ocuparse tanto de mercancías ilegales como de productos convencionales, alimentarios particularmente[13]. Algunas mafias o parecidos a estas se desarrollan, en particular, a partir del ex Imperio soviético y la ex Yugoslavia, las cuales han estado dispuestas a recurrir a la fuerza y a las armas para defender y promover sus intereses. Mafias que son susceptibles de ponerse contra el Estado si consideran que éste se muestra demasiado emprendedor a su respecto, o no dema-

---

[13] Cf. Severine Labat, *Les islamistes algériens*, París, Seuil, 1995; Luis Martínez "Les groupes islamistes entre guérrilla et négoce. Vers une consolidation de régime algérien", en *Les Études du CERI*, no. 3, agosto 1995. Para este investigador , los GIA se parecen en muchos aspectos a las pequeñas y medianas empresas (PME) y de la importación-exportación liberada de la tutela del Estado, y de la "guerra civil, tres años después su activación, pareciéndose cada vez más a un instrumentos de promoción socialy de enriquecimiento personal" –lo que constituye un punto de vista extremo, en el cual lo político se disipa completamente–.

siado distante –al respecto, la experiencia italiana de los inicios de los años noventa, con los asesinatos de altos representantes del Estado, es un caso significativo–. En estos casos, en donde la práctica del secuestro era muy limitada, y que correspondía a algunas orientaciones políticas en los años setentas, por ejemplo en Brasil (en los años 2000, este fenómeno ha regresado), se ha desarrollado pero con fines estrictamente crapulosos –observación que podría concernir muchas otras prácticas ilegales y brutales de extorsión de fondos–.

La privatización de la violencia puede pasar por una perversión, cuando aquellos que detentan el uso legítimo de la fuerza, como son la policía, las fuerzas armadas, recurren más bien a ella para enriquecerse, abusando de sus armas y de su impunidad. Esta privatización no significa necesariamente la barbarie, o la ley de la jungla. Empero, si se le ve de cerca, autoriza algunas conductas más o menos salvajes, susceptibles, a lo mucho, de aterrorizar a cualquiera que parezca oponerse a los intereses y al poder de los actores que ejercen la fuerza así de desviada y privatizada. Una consecuencia inmediata de la privatización de la violencia y de la actividad económica creciente de actores armados colectivos es que las poblaciones civiles padecen de manera dramática algunas formas de depredación que se ejercen en la más grande impunidad. Otra es que el crimen organizado, incluyendo aquí cuando su punto de inicio era político, necesita para su desarrollo, en condiciones favorables, de una cierta tranquilidad política: mafias y pandillas son poco propensas a tolerar algunas conductas de protesta social y política en el seno de algunos territorios que ellos controlan, puesto que tales conductas podrían atraer la atención de los medios de comunicación e incluso suscitar la intervención del poder público. Es por eso que en Francia, en los barrios populares y los conjuntos habitacionales de interés social, aparentemente los más tranquilos son a veces no los más apacibles, sino aquellos que están bajo la cota de traficantes o del crimen organizado.

El paso de la violencia política a la criminalidad económica puede efectuarse en algunas zonas económicamente dinámicas pero también puede operarse en algunos territorios devastados como lo ha observado Jean-Christophe Rufin quien da cuenta que "la desinversión de las grandes potencias y el desastre económico de numerosos países arruinados por la guerra han empujado a los movimientos de guerrilla a practicar abiertamente y a gran escala lo que ellos tenían como costumbre de hacer discretamente y de manera modesta (…). Las guerrillas de los años noventa tienen la tendencia a yacer sobre verdaderas economías de cambio, véase de producción (…). El cambio del contexto internacional ligado al final de la guerra fría no creó ex ni hilo estos nuevos mecanismos de alimentación de los conflictos. Empero ha ciertamente contribuido a generalizar ciertas prácticas hasta entonces marginales(…)"[14].

En otro registro diferente, la violencia infra-política es, igualmente, en las democracias, una característica de los fenómenos racistas y xenófobos. Cuando un partido de extrema derecha con ideología racista, xenófoba o antisemita se desarrolla, no le es posible hacer el llamado explícitamente a algunas conductas de violencia, ni incluso reconocerlas o solidarizarse con ellas. Es así que en Francia, el Frente Nacional (FN), en el momento en que sale, en 1983, de un estado *gruposcular* y se convierte en un partido: su inscripción en el espacio público, en el campo político democrático y la preocupación de la respetabilidad hizo que se hayan impedido cualquier acto de violencia. En democracia, la violencia racista puede aparecer en los confines de lo político, empero más allá de los deslices al extremo que puedan surgir, la violencia no puede ser más que infra-política, limitada en lo esencial al acoso (*racial harassment* dicen los británicos), o a conductas explosivas, incluyendo eventualmente algunos crímenes que ningún actor político podrá o se atreverá a reivindicar.

Pero, no reduzcamos la violencia infra-política a la decadencia o a la perversión de lo político, o a la clausura de su campo. Ella puede también, en efecto, traducir una hesitación del actor que oscila entre algunas conductas delincuenciales o criminales y una violencia más política, sin llegar a estabilizarse, pues de igual modo puede constituir una forma más bien pre-política, mostrando que se detona una trayectoria susceptible de integrarse, al cabo del tiempo, al nivel propiamente político. Es así que en Milán, a inicios de los años ochenta, algunos jóvenes, en su gran mayoría, oscilaron entre delincuencia y terrorismo de extrema izquierda[15], o bien los jóvenes sin clase social de Brazzaville que formaron algunos grupos que pertenecían a la milicia política, tanto como,

---

[14] Jean-Christophe Rufin "Les économies de guerre dans les conflits internes", en Économie des guerres civiles, *op., cit*, pp. 43-44.

[15] Cf. Fabrizzio Calvi, Camarade p. 38, París Grasset, 1982.

según los periodos, formaban parte de alguna banda armada[16], o bien cuando la rabia social de los "olvidados" de la sociedad estadounidense puede cristalizarse en rencores que han alimentado algunas milicias de extrema derecha racistas, antisemitas, hostiles al Estado federal y a las organizaciones internacionales como la ONU[17]. Han llegado al punto en que la fuerza que transmite incide en los poderes presidenciales con discursos igual de racistas y xenófobos que sus ideologías.

Finalmente, el carácter infra-político de ciertas modalidades de la violencia puede remitirnos a una suerte de desarticulación, que hace que se opere una situación semejante, al tiempo que se asocia con algunas significaciones altamente políticas, pero que proceden en un sentido completamente diferente. Como es el caso de los actos antisemitas, cuya recrudescencia en Francia a principios del siglo XXI no parecen ligarse a alguna acción política, sino más bien a casos particulares, que se ven alimentados por el conflicto israelí-palestino y por ende ligados a una identificación de la causa palestina.

b. La violencia metapolítica

Por mucho tiempo, la modernidad estuvo asociada a la imagen del progreso y de la razón, y a aquella del retroceso de las tradiciones y de las identidades particulares, particularmente las religiosas. En esta perspectiva, la violencia no tendría ciertamente que desaparecer, sino que estaría también conjugada con la razón, o sino, al menos, retrocedería, y por tanto, o bien se volvería instrumentalmente más expresiva o identitaria, o al menos atenuaría sus expresiones más diversas de violencia.

Empero, la evolución contemporánea desmiente completamente esta visión. Y, si la violencia instrumental es una realidad masiva, sobre la que regresaremos al respecto en la segunda parte de este libro, un hecho mayor, desde finales del siglo XX, es que la violencia puede

---

[16] Cf Rémy Bazenguissa-Ganga, "Milices politiques et bandes armées. Enquête sur la violence politique et sociale des jeunes déclassés", *Les Études du CERI*, no. 13 abril 1996. Una experiencia comparable ha sido estudiada por Roland Marchal, "Les mooryaan de Mogadiscio. Formes de la violence dans un espace urbain et guerre", en *Cahiers d'Études Africaines*, Vol. 33, No. 2, 1993, pp. 295-320. Encontramos aquí este tipo de fenómenos igualmente en Haití.

[17] Cf. Laurent Zecchini, "Les Freemen", en *Le Monde*, 30 de julio, 1996, p.2. —Como sucede seguido con los miembros de las milicias de extrema derecha, son los "perdidos" de la sociedad estadounidense.

acompañar el ascenso de las identidades culturales o religiosas. Este fenómeno, además, es siempre susceptible de presentar una característica esencial, que es la de resultar en una metapolítica, es decir, irse más allá de lo político para volverse, entonces, vector de significaciones que le confieren un aspecto intransigente, no negociable, con alcance religioso, ético o ideológico que termina en el absolutismo. La violencia en este caso no tiene fronteras, y los envites que ella busca son en este aspecto vitales desde el punto de vista del actor que ahí puede, en casos extremos, llegar a sacrificar su propia existencia, llegar a su auto-destrucción en virtud de una plétora de sentido que busca afirmarse sin reservas.

La violencia metapolítica no es apolítica, es una mirada donde las dimensiones políticas son a la vez asociadas y subordinadas a otras, definidas en términos culturales, particularmente religiosos, y que no ofrecen alguna concesión.

La crisis de la modernidad que ha alimentado, a lo largo de los años ochenta, los innumerables discursos sobre la postmodernidad, es altamente favorable a este tipo de violencia, en la que algunas significaciones identitarias, extrañas a toda inserción en un espacio relacional de tipo político, encuentran su expresión bajo formas sobre todo más agudas, al punto de que los actores se movilizan a partir de las frustraciones engendradas en ellos por la modernidad. Cuando la comunicación internacional difunde a velocidad instantánea y en los lugares más remotos las imágenes del bienestar a la occidental; cuando el consumo de los bienes materiales y culturales es un espectáculo cotidiano televisado, o perceptible en las vitrinas de las grandes tiendas y centros comerciales, que dicho sea de paso la entrada es de hecho prohibida para muchos; cuando el acceso al dinero y a los frutos de la ciencia y el progreso es rechazado o perdido, al tiempo que se espejeaba todo esto como una posibilidad al alcance de la mano para todos; el sentimiento de una profunda injusticia social, de una desigualdad irreducible, de una frustración mayor puede sublimarse en valores, por ejemplo religiosos, en convicciones y actos de fe exacerbados. Mientras sea posible. Entre otros escenarios, está el que la violencia se apodere del actor, que va a terminar por movilizarlo en algunos proyectos políticos donde la identidad se vuelve un recurso, y donde lo político está subordinado a un principio superior, que puede ser el de las exigencias de un Dios, o del "más bien sagrado". Las grandes movilizaciones islamistas de los años setenta y ochenta corresponden a esta lógica, fusionando lo político y lo religioso bajo la dominación de lo segundo, estas pueden asumir un giro extremo, ir muy lejos, rebotar y, por ejemplo, tomar el aspecto de un martirismo mortífero, como fue bien ilustrado desde los años ochenta con los trabajos de Farhad Khosrokhavar con el caso de los jóvenes *Bassidj* iraníes[18], donde se ve la existencia de autodestrucción ligada, ya no a las esperanzas que portaba la utopía religiosa, sino a su recaída y a la pérdida de sentido correlativo. Estas identidades pueden también derivar hacia un martirismo más "frío", menos directamente conectado a la experiencia de una comunidad vivaz, que le aporta su eficacia máxima al terrorismo "global", tal y como ha sido manifestado con los atentados del 11 de septiembre del 2001 en los Estados Unidos. En todos los casos, el martirismo parece estar muy cargado de una profunda desesperanza, y la violencia se instala más allá de lo político, sobre todo si esta instalación se ve facilitada por el creer religioso, que no es una condición indispensable para que exista. De este modo, entre los autores palestinos responsables de los atentados terroristas en territorio israelí, algunos de ellos, que se han dado ahí la muerte, se reclamaban de pertenecer, no a un Islam, sino a la nación palestina, véase en nombre de una fuerza política laica.

La violencia metapolítica puede encontrar su punto de anclaje en las demandas sociales no satisfechas. Es así que el islamismo presenta, en sus dimensiones más radicales, una fase social que alcanza a campesinos sacados del campo y decepcionados por la gran ciudad donde creían poder encontrar una movilidad ascendente. Decepcionados por ser desheredados incapaces de transformar sus dificultades en movimiento social o de lograr verdaderamente revivir este movimiento como tal —por ejemplo, como el caso del Hezbolá libanés, que terminó por dibujarse, en el proceso de mutación, en el "movimiento de los desheredados", tal era su nombre, fundado por el Imán Moussa Sadr y presente hasta su desaparición a mediados de los años sesenta—.

La violencia metapolítica puede del mismo modo tener como fuente la radicalización a personas y grupos que creyeron durante un tiempo

[18] Farhad Khosrokhavar, *Rupture de l'unanimisme dans la révolution iranienne*, Tesis de doctorado de Estado, París, EHESS, 1992; "Le Modèle Bassidij", en *Cultures et conflits, op., cit.*, pp. 59-118.

poder participar de la modernidad, o que efectivamente participaron antes de ser expulsados de ella, lo que terminó por dejarlos por su propia cuenta, y ser víctimas del progreso, alcanzados por el sentimiento de una privación profundamente injusta. Esta violencia puede encontrar su origen en la convicción que tienen algunas élites educadas, algunos ingenieros, algunos médicos, etc., de que viven en una sociedad que no les ofrece las posibilidades de realización profesional y personal a la que han aspirado desde su educación, como sucedió con los científicos japoneses, algunos de alto nivel, que tomaron la elección, a principios de los años noventa, de adherirse a la secta Aum, y dar el paso, junto con ella, a la violencia extrema[19].

Estas fuentes se combinan fácilmente, entre ellas y con otras. Transmutadas en proyectos religiosos, más que nacionales, e incluso cargadas de promesas religiosas que ningún proyecto político sería capaz de portar de manera realista, la rabia, la frustración y la cólera sociales llevan entonces al actor hasta las violencias de lo más radical, eventualmente capitalizadas u orientadas, véase manipuladas por los líderes y algunas organizaciones que funcionan, eso sí, con un verdadero saber-de-oficio político.

La modernidad contemporánea produce este tipo de violencia, y es un error ver en ella algunas formas de resistencia emanando de actores tradicionales. La violencia metapolítica está sobre cargada de un sentido que puede resultar pletórico, lo que hace que se extienda a lo político, incluso en realidad instalándose ahí rápido, particularmente cuando logra alcanzar el poder, como fue el caso en los momentos de la revolución iraní, o incluso aún, de cierta manera, con los talibanes al poder en Kabul durante algunos años.

5. La violencia del individuo

Las sociedades han cambiado, desde los años sesenta o setenta, y con ello el desgaste del conflicto de clases que las estructuraba. Desde entonces un lenguaje tosco se ha desarrollado, en términos de "post",

---

[19] Cf. Sylvaine Trinh, "Aum Shinrikyo: secte et violence", en *Cultures et conflits, op., cit.*, pp. 229-290. Recordemos que la secta Aum es un movimiento religiosos que ha organizado y perpetrado un atentado mortífero, con gas sarín, en el metro de Tokio el 20 de marzo de 1995.

marcando por mucho el adiós a una era, sin que se pueda verdaderamente nombrar a la nueva: postindustrial, post-nacional, post-moderno, post-colonial, etc. Entre las transformaciones más decisivas, de las que muchas ciertamente varían de un país a otro, hay algunas que nos invitan a pensar la violencia en el marco de la vida específicamente social, que es cada vez menos proveída por el Estado. Este declive, una vez más, en el marco estatal aparece en primera instancia, de forma explosiva, si nos ubicamos en el nivel de las instituciones públicas.

a. La desinstitucionalización

En todas partes del mundo, se constata efectivamente, la regresión y el debilitamiento de las instituciones garantes del lazo social, sea que se trate de aquellas que están a cargo del orden y la seguridad, o bien de la socialización (la Escuela), o que incluso estas encarnen, más bien, el Estado benefactor. La desinstitucionalización ha ocurrido, sobre todo en las antiguas sociedades industriales, para quienes las principales instituciones públicas se establecieron o reforzaron al mismo tiempo que se institucionalizaban los movimientos obreros. Para muchos, lo anterior, fue a veces interpretado como el fruto o el éxito de ideas neoliberales, las cuales pedían menos del Estado, y que efectivamente prosperaron, sobre todo porque se establecieron como ideología de base. No obstante la desinstitucionalización debe en mucho, en realidad, a las dificultades propias de estas instituciones, que fueron cada vez menos capaces de cumplir su misión de mantener sus promesas sociales, económicas, políticas o culturales. El fenómeno ha sido de gran envergadura, en los países del Este, en las antiguas sociedades soviéticas donde notoriamente, la empresa era el lugar en donde se organizaban toda suerte de garantías y de seguridad sociales del Estado. Todo transitaba por esta institución para hacer de ella una especie de institución social global, donde se gestionaba el empleo, por supuesto, pero también el alojamiento, el acceso a la salud, la escuela primaria, el ocio, el deporte, el consumo de base, etc. Este modelo se derrumbó, dejando detrás de sí muchos dramas sociales, de los cuales tanto el nacional-populismo, y después el neo-comunismo, encontraron por algún tiempo su pan político de cada día.

El declive de las instituciones es un fenómeno político y económico mayor, factor de desplome del lazo social, de desafiliación, según la expresión de Robert Castel. También es un fenómeno cultural que va de par con la crisis de la autoridad; y cuando ya no hay autoridad, y no predominan las normas y las reglas impuestas a todos, *vía* precisamente las instituciones, entonces la violencia encuentra algunas condiciones ampliadas para ejercerse bajo formas que serán percibidas como delincuenciales o criminales.

b. Los progresos del individualismo moderno

El individualismo moderno ha crecido enormemente desde fines de los años llamados "los Treinta Gloriosos" (por su enorme desarrollo en Europa de 1950 hasta 1980). Este conjuga dos lógicas, cada una de ellas susceptibles de tener, eventualmente, algún peso sobre las formas contemporáneas de la violencia. Por un lado, descansa, sobre el deseo de participación individual a la modernidad, el de acceder según algunas modalidades eminentemente asociadas al dinero, al consumo, al placer inmediato, pero también relativas al acceso al empleo, a la educación o a la salud. Por otra parte, se trata de una cuestión de gran creatividad, de la inquietud de cada uno a construir su propia existencia, el definir sus propias elecciones, sus compromisos, sus apariencias, sin que ello le sea impuesto por medio de la tradición o por medio de las reglas y las normas de la vida colectiva, o de un grupo particular: el sujeto individual puede muy bien comprometerse en una acción colectiva, o hacer la elección de una identidad cultural; entregarse ahí plenamente sin estar, por lo contrario, totalmente subordinado o enfeudado. Empero también puede hacer sin problema la elección de comprometerse o de distanciarse.

Vale agregar, que estas dos dimensiones del individualismo no son en nada alguna novedad; pues ya nos encontramos de alguna manera con la evocación de Émile Durkheim cuando hace la distinción entre el individuo que corresponde al modo profano, y la persona que corresponde, a sus ojos, a lo sagrado[20].

El empuje del individualismo anima la violencia de dos maneras al menos. Por un lado, esta puede aparecer como el único o mejor medio, aunque sea en sí mismo ilegítimo, con el fin de llegar a acceder a los fines legítimos. Robert Merton[21] mostró muy bien en su tiempo que el

---

[20] Émile Durkheim, *Les formes élémentaires de la vie religieuse*, París, PUF, 1968 [1912].

[21] Robert Merton, *Social Theory and Social Structure*, edición ampliada y revisada, Londrés, The Free Press of Glencoe, 1957.

crimen y la delincuencia pueden ser perpetrados por personas completamente conformistas: que quieran acceder al dinero, por ejemplo, lo que no tiene nada de ilegítimo en sí mismo en nuestras sociedades; pero para estas personas lo hacen a través del robo. En los países occidentales, no es difícil el trazar, desde los años cincuenta, un lazo entre una más o menos regular creciente delincuencia, (en particular algunas depredaciones) con el desarrollo de la sociedad de consumo. La violencia, aquí, cuando se ve acompañada de la delincuencia (lo que no siempre es el caso) remite a los deseos notoriamente exacerbados, por los medios de comunicación masivos cuyo escenario está, sin embargo, al nivel mundial. Por el otro lado, la violencia puede ser la expresión de una subjetividad impedida, imposible o mal-llevada, o precedente de una situación donde la persona singular, privada de la capacidad concreta de producir sus propias elecciones y de constituirse en un sujeto autónomo, invierte esta imposibilidad. Esta inversión da cuenta, en ocasiones, de un *tour* lúdico, donde al mismo tiempo que es destructora, la violencia se ve conformada por las "pasiones del riesgo", para hablar en términos de David Le Breton[22], que pueden a lo mucho llegar a convertirse en organismos virtuosos o auto-destructores, volcándose contra uno mismo, por la imposibilidad creada por el mismo sistema o verse en la situación de ser un actor de su existencia. Aquí la violencia está en búsqueda y producción de sentido, en un esfuerzo para producirse en sí mismo, lo que antes estaba suministrado por la cultura o las instituciones (y que nos remite al punto precedente con el tema de la crisis de las instituciones). Esta violencia puede ser la proyección de sí mismo hasta la eventual muerte, o bien la marca de una subjetividad infeliz, al punto del rechazo de la persona a continuar con una existencia propia, la cual se siente como negada, y donde no encuentra su lugar de ser.

Los progresos de la mundialización hacen mucho más agudos que antes todo aquello que remite al individualismo, en las dos dimensiones que vienen de ser distinguidas. Estos refuerzan las fragilidades personales que van a la par de una y otra de estas dimensiones, e incluso aún más, subrayan a los ojos de los mismos actores las dificultades que existen para combinar en todo esto los dos grandes registros que estas dimensiones implican; a saber: la eficacia instrumental, estratégica y vital para una participación bien lograda en la modernidad, y la cons-

---

[22] David Le Breton, *Passions du risque*, París, Métailié, 1991.

trucción de una subjetividad autónoma[23]. Nadie en efecto ignora en lo sucesivo lo que el mundo moderno puede ofrecer o prometer, tanto las posibilidades de consumo, como también en materia de realización de sí mismo; empero es muy difícil, por un lado, ser a la vez consumidor y productor de su existencia, eficaz y racional y, por el otro lado, ser autónomo y estar distanciado en relación a las normas.

De este modo, el declive de las instituciones y el empuje del individualismo moderno crean estas condiciones favorables si no para generar una violencia generalizada, sí al menos para un auge de ciertas formas de violencia, anómicas, delincuenciales, o incluso aún más ligadas a las dificultades de construcción de un sí mismo en cuanto sujeto. Estas condiciones hacen la tarea cada vez más difícil para el Estado, en cuanto que este es el responsable de la seguridad de ciudadanos.

6. Los intelectuales y la violencia

En la actualidad la violencia parece haber perdido toda la legitimidad en el espacio político, al punto de significar el mal absoluto. Ella es lo que la sociedad unánime debe proscribir y combatir, en su interior y por fuera. En los años sesenta y setenta, sin embargo, podía aún ser justificada por algunos intelectuales, quienes eventualmente se inscribían en alguna línea revolucionaria: anarquista o marxista leninista; esta violencia podía ser teorizada o sostenida con una cierta adhesión, y ser tolerada en la esfera política. Algunos admiraban las guerrillas, y hacían del "Che" su héroe; otros exaltaban más bien la violencia social, o se esforzaban de suscitarla y de animarla. Centrado sobre la experiencia colonial, el pensamiento de Frantz Fanon, como lo vimos en otros apartados, aportaba a la idea de ruptura violenta una teorización que Jean-Paul Sartre radicalizó en su célebre prefacio al libro de los *Condenados de la tierra*[24], el mismo Sartre que años después animaba hacia los caminos de una acción violenta a los "maoístas" con los que se debatía[25].

Algunos otros mostraron ciertas reacciones en el momento de la revolución iraní, estrechada, por ejemplo, por Michel Foucault; consti-

---

[23] Cf. Alain Ehrenberg, *L'individu incertain*, París, Calmann-Lévy, 1995.

[24] Frantz Fanon, *Les Damnés de la terre, op., cit.*, préface de Jean-Paul Sartre.

[25] Cf, Philippe Gavi, Jea-Paul Sartre, Pierre Victor, *On a raison de se révolter*, París, Gallimard, 1974.

tuyendo, quizás, con ello una última expresión de aquellas corrientes de opinión, junto con sus simpatías políticas e intelectuales referidas a procesos y actores que habían recurrido a la violencia. Esta se había beneficiado de una legitimidad tanto más grande por el hecho de haber aportado una respuesta a lo que permanecía la mayoría de las veces limitado con respecto a las atrocidades y los abusos de poderes autoritarios o dictatoriales, del tipo de aquellos que caracterizaban América Latina hasta entrados los años ochenta.

Desde entonces, las zonas intelectual y política donde la violencia podría ser el objeto de posicionamientos comprensibles, véase abiertas hacia la violencia, se vieron singularmente reducidas, con consensos muy amplios que instauraron para rechazarla y denunciarla. El debate filosófico, moral o ético parece cerrado, si el tema es la violencia, y los intelectuales occidentales, en su conjunto, han tomado sus distancias en relación a esta, es porque en los años ochenta y noventa se tomaron como la oportunidad para hacerse una gran purga de sus anteriores definiciones y legitimaciones en torno a la violencia. Esta evolución es indisociable del declive de la misma figura del clásico intelectual, quien había sido tentado con compromisos políticos, y con frecuencia, listos para promover algunos proyectos revolucionarios o de ruptura.

Hace falta aún preguntarse si nosotros no hemos entrado en una nueva fase, donde el rechazo de convenir la mínima legitimidad a la violencia podría dejar el lugar a algunos debates renovados. Dos fenómenos recientes y manteniendo algún lazo, podrían en efecto significar el regreso del pensamiento radical, abierto a la violencia en el debate público. El primero es el renacimiento de protestas sociales y políticas tomando como blanco la mundialización liberal y sus consecuencias. Este renacimiento, inaugurado en México con el movimiento zapatista en 1994, y en Francia en el momento del movimiento de huelgas de noviembre-diciembre de 1995[26], se inscribe más bien en una tradición no violenta que se apoya sobre algunas acciones simbólicas y de espectacularidad para obtener algún eco favorable, una comprensión en las opiniones públicas y en ciertos sectores de la vida intelectual. Es de este modo, por ejemplo que el líder francés de un sindicato campesino, José Bové, se convirtió en una figura de proa de la contestación

---

[26] Sobre las manifestaciones "alter-mundialistas", se permitirá remitir al libro colectivo que yo coordiné, *Un autre monde…*, París Balland, 2003.

anti-mundialización, reconocido como tal en el mundo entero, después de que dirigió el saqueo, de hecho con cierta modestia, de un restaurante McDonald, en transcurso de construcción en el pequeño pueblo de Millau –se trataba entonces de protestar contra la política estadounidense de los impuestos elevados en diversos productos de importación, comenzando por el queso de Roquefort[27]. En su conjunto, el movimiento alter-mundialista estaba alejado de la violencia, y sus métodos, cuando se acercaba a ella tímidamente, permanecían aún más modestos, no sería más que en comparación con otras protestas campesinas del momento, como sucedió en Francia con la Confederación campesina de José Bové que nunca cometió destrozos comparables como aquellos causados por algunos actores sindicales del mundo agrícola de carácter más clásico, ligados por ejemplo a la FNSEA. Algunas violencias más consecuentes se expresaron en Génova, en el momento del gran agrupamiento del verano del 2001. Estas ciertamente han sido en lo esencial causadas por la represión policiaca, empero las manifestaciones contaban igualmente con algunos actores violentos en su seno, y su violencia fue condenada sin matices por las grandes organizaciones, como ATTAC, incluso si la violencia encontraba un eco y ciertas simpatías. El pensamiento híper-crítico, aquel por ejemplo, que se llama en Francia de "la izquierda de la izquierda", podría muy bien en el futuro verse tentado de conferirle cierta legitimidad a algunas formas limitadas de violencia social.

El segundo fenómeno, un poco reciente, muy diferente del precedente remite al islamismo político, incluyendo aquí sus expresiones más extremas, notoriamente las terroristas. Estas expresiones pudieron ser interpretadas como un puro sin sentido, de la barbarie tanto más inaceptable que se podía pensar, que el islamismo político estaba condenado al declive o el fracaso[28]. Empero si la violencia de los GIA en Argelia, apenas si despierta simpatías, si acaso en algunos medios muy cerrados; si la revolución iraní desde hace tiempo se terminó, y si lo que subsiste es percibido en el lugar ante todo como la marca de un poder conservador y autoritario; por lo contrario, los atentados cometi-

---

[27] Se dará, de paso, nota aquí de la paradoja donde esta protesta anti-mundialización visa no al neoliberalismo, sino por lo contrario contra une medida proteccionista.

[28] Cf. Olivier Roy, *L'échec de l'islam politique*, París, Seuil, 1992; Gilles Kepel, *Djihad*, París, Gallimard, 2000.

dos bajo la responsabilidad de Bin Laden el 11 de septiembre de 2001 tuvieron un impacto considerable, que hizo eco en el planeta con toda suerte de sentimientos, notoriamente, antiestadounidenses. El terrorismo, aquí, moviliza algunos afectos poderosos creando algunas corrientes de comprensión y de simpatía que no pueden más que interpelar a los intelectuales, en el mundo entero. En una escala más pequeña, el terrorismo islamista del joven Khaled Kelkal, muerto en diciembre de 1995 bajo las balas de los gendarmes franceses disparadas en su persecución, atrajo en ciertos barrios populares de Francia miradas, al punto de hacer de Khaled, a ojos de algunos, un mártir o un héroe. Con el 11 de septiembre del 2001, la violencia anti-imperialista que se reclamaba de ser parte de los excluidos o de los despreciados, encontró público, no solamente en los musulmanes, sino más allá, y obligó a los intelectuales de los países occidentales a interrogar sus posturas, aunque fuese solamente para estar en la posibilidad de dialogar con sus homólogos radicalizados del mundo árabe-musulmán –un mundo que está bien presente en el seno mismo de sus sociedades. Una cierta arrogancia estadounidense se percibe, con el sentimiento que dan con frecuencia, los Estados Unidos de ser indiferentes a las implicaciones sociales, políticas o culturales, pues dícese que su hegemonía es fuente de estímulo para un pensamiento crítico que puede hacer prueba de comprensión respecto a los actores violentos.

Los años del rechazo absoluto a la violencia, seguidos del desgaste de las ideologías de la Guerra fría, puede ser que los hayamos dejado atrás, pero la violencia podría muy bien reencontrar un espacio legítimo, y dejar de ser un tabú casi generalizado como lo fue durante algunos años.

Este regreso, por el momento, apenas esbozado, tendrá, si sigue presentándose, una implicación, fácil de prever. Mientras la violencia era un tabú, ausente, por consecuencia, en los debates públicos a falta de haber actores políticos o intelectuales capaces y deseosos de romper el consenso que rodeaba su rechazo, esta era necesariamente el objeto de percepciones y de representaciones que la distorsionaban con facilidad, por exceso o por omisión, demonizando a unos, aminorando la gravedad de los actos de otros, imputando por ejemplo con antelación a los islamistas atentados de los cuales no eran forzosamente responsables –como lo fuese el de la ciudad de Oklahoma en los Estados Unidos (19 de abril 1995, con 16 muertos), que por lo contrario desvelaría la estupor general, por el hecho de tratarse de Timothy McVeigh, un activista estadounidense de extrema derecha.

A partir del momento en donde regresa como objeto de debate, la violencia puede ser discutida, examinada de manera contradictoria, y los problemas de los que da cuenta y que pervierte siempre más o menos por medio de su intervención, pueden sin embargo, ser abordados de manera más reflexiva. Paradójicamente, una cierta legitimación de la violencia en el espacio público es necesario si se desea poder debatirla y tratarla seriamente... y quitarle toda legitimidad por medio de la reflexión intelectual y la acción política.

7. Sobre la fórmula célebre de Max Weber

La sociología clásica asociaba con frecuencia al Estado y la violencia. Una frase célebre de Max Weber en 1919 resume de manera casi tautológica esta asociación: "el Estado, no deja de definirse sociológicamente más que por el medio específico que le es suyo, de modo que a todo agrupamiento político, a saber, la violencia física (...). En nuestros días, la relación entre Estado y violencia es particularmente íntima (...). Hay que concebir al Estado contemporáneo como una comunidad humana que, en los límites de un territorio determinado (...) reivindica con éxito para su propia cuenta el monopolio de la violencia legítima. Lo que es en efecto característico de nuestra época, es que la violencia no se le otorga a los demás agrupamientos, o a los otros individuos, ni el derecho de hacer el llamado a la violencia, más que en la medida en que el Estado la tolere: este pasa entonces por la única fuente del 'derecho' a la violencia[29]". Se trata de una definición ambigua: de modo que Raymond Aron anota que no sabemos muy bien si el concepto propuesto por Max Weber remite a una categoría abstracta, puramente teórica, o a una categoría concreta, histórica, empíricamente observable[30]. Empero, sin ir hasta examinar los cambios históricos que han afectado a los Estadios

---

[29] Max Weber, *Le savant et le politique*, París, Plon, "10-18", 1963 [1919], pp. 124-125.

[30] "Max Weber no eligió entre algunos conceptos analíticos y otros semi-históricos", escribe Raymond Aron en *Les étapes de la pensée sociologique*, París, Gallimard, "Tel", 1967, pp. 559, citado por Pierre Bouretz, *Les promesses du monde. Philosophie de Max Weber*, París, Gallimard, 1996, p. 263.

modernos desde 1919, y sin hacer, sin embargo, de Max Weber un teórico patentado de la cuestión de la relación entre Estado y violencia, (no le dedicó de hecho, más que algunas páginas, en *Economía y sociedad* y en *El científico y el político*), tomemos en consideración la situación contemporánea, y el monopolio teórico que tiene el Estado con respecto a la violencia legítima.

a. Estado desbordado

Ciertamente, venimos de ver que los intelectuales occidentales han dejado, esencialmente, de cuestionarle al Estado este monopolio, al menos si se trata de las democracias donde viven. Empero ¿podemos satisfacernos de la fórmula weberiana en el momento que la economía se mundializa, y que los Estados parecen como desbordados desde afuera y por dentro a raíz de los problemas económicos, pero también sociales, políticos y culturales, que a través de otras lógicas menos estatales se le escapan, formuladas por los actores que a su vez no controlan? Al Estado contemporáneo le es menos fácil que ayer pretender enmarcar el ámbito territorial, administrativo, jurídico y simbólico de la vida económica, en la medida que los flujos, las decisiones, los mercados, la circulación de los seres humanos, de los capitales, de las informaciones se efectúan a una escala planetaria, y por otro lado en gran medida bajo formas ilegales o descontroladas que autorizan también hablar de una mundialización del crimen organizado, y no solamente a propósito de la droga. Entre menos el Estado controle o enmarque la economía, más se verá obligado a retroceder y a abandonar terreno frente a ciertas actividades informales, como en el mercado negro, en el trabajo clandestino, que escapan por definición a su control e influencia, incluido en materia fiscal. Y, al mismo tiempo que la economía se privatiza, la violencia también se privatiza, siendo el medio de pillar al Estado y sobre todo de atribuirse los recursos que suponen debe controlar.

La legitimidad del Estado se debilita también cuando se presentan, se crean o se desarrollan, en el seno de los territorios de los que se es responsable, solidaridades transnacionales, diásporas por ejemplo, cuyo espacio de funcionamiento ya no le corresponden. Esta se ve debilitada cuando está subordinada a una legitimidad más poderosa en virtud por ejemplo de acuerdos internacionales, o por el hecho de transferencias de soberanía que terminan en la instauración de tribunales internacionales o en la intervención de fuerzas supranacionales en situaciones donde son perpetrados ciertos crímenes contra la humanidad.

Finalmente, la legitimidad del Estado descansa sobre un reconocimiento internacional que puede resultar ser limitado o cuestionado. Cuando los talibanes, por ejemplo, tomaron el poder en Afganistán, no pudieron ser admitidos en la comunidad internacional; en la medida que su Estado no era reconocido más que con cierta reticencia por un puñado de otros países. De manera más generalizada, aquellos Estados considerados por otros Estados como dictaduras, como corruptos o "delincuenciales" (los "Estados rojos" que denuncia, por ejemplo, la administración estadounidense), pero también aquellos considerados como particularmente débiles e impotentes, hacen que su legitimidad se vea menos asegurada que la de los Estados democráticos. Y si acaso la temática del derecho a la injerencia se pudo desplegar desde los años setenta, si acaso algunos actores humanitarios han desempeñado desde entonces un papel tan considerable en el mundo, es gracias a que la soberanía de ciertos Estados recubre algunas prácticas de violencia que estos toleran, y que ponen en obra o que son incapaces de impedir que se pongan en obra, y que chocan profundamente con la consciencia universal, la moral, al punto de hacer legítimas las intervenciones que violan su mismo monopolio del uso interno de la fuerza[31].

b. El Estado y su policía

El Estado, por medio de la intervención de sus agentes, y por tanto de aquellos que los representan, siempre es susceptible, él mismo, de practicar o recubrir una violencia ilegítima, incluyendo a los países más democráticos. Puede tratarse de prácticas contrarias al discurso oficial, como cada vez existen, en las democracias, la tortura, los abusos policiacos o militares de toda índole. Así, por ejemplo en Brasil, tenemos un caso particularmente impresionante donde los progresos de la democracia van de la par con aquellos del uso de la violencia, incluyendo en el seno de las fuerzas policiacas[32]. Por otro lado, el Estado

[31] Sobre estas cuestiones Cf. Jonathan Moore (Coordinador), *Des choix difficiles. Les dilemmes moraux de l'humanitaire*, París, Gallimard, 1999 [1998].

[32] Cf. Angelina Peralva, *Violence et démocratie. Le paradoxe brésilien*, París, Balland, 2001;Paulo Sergio Pinheriro "Institutions and Impunity: Violence, Crime and Police Systemin New Democratic Countries (the Brazilian Experience in the Context of Latin

delega con frecuencia el uso de la fuerza a algunos actores privados que la ejercen en provecho de sus únicos intereses. Simétricamente –y esto es un problema importante en los Estados Unidos y en el Canadá –las conquistas sociales de algunos policías desembocaron en el beneficio de un tiempo de descanso y de vacaciones suficientemente largas para poder pensar en llevar a cabo una actividad complementaria "de manera informal" y completar así sus ingresos. Es de este modo que una gran mayoría, ofrece sus habilidades al servicio de empresas privadas de seguridad, por lo que usan también sus relaciones profesionales, véase ciertos atributos de su función principal (como el uso de las armas, por ejemplo), que provoca prontamente grandes confusiones. Con frecuencia incluso, existen algunas zonas grises donde ya no se sabe muy bien hasta dónde llega su responsabilidad y dónde comienza la de los otros actores. Por ejemplo, ¿la seguridad en las unidades habitacionales de interés social que hay en Francia (HLM), dependen de la fuerza pública o de los prestamistas de estos servicios? El límite no está claro. El examen de todo lo que toca a la seguridad interior y a la policía conduce, más ampliamente, hacia un cuestionamiento no solo de la fórmula de Max Weber, sino también de manera más amplia de lo que se pudo alguna vez llamar el Estado weberiano[33]. De este modo, los trabajo de Jean-Paul Brodeur sobre la policía muestran bien de qué manera las ciencias sociales, primeramente en las pesquisas anglosajonas de los años cincuenta, y de manera mucho más tardía en otros lados, dañan lo que él llama un "truismo". Este autor señala siguiendo a Egon Bittner, que el ejercicio legal y legítimo de la violencia física no solamente se le confía a las fuerzas del orden, sino también a las profesiones médicas; y de alguna manera a los padres que todavía pueden legítimamente ejercer, de manera ciertamente variable según los países, una cierta violencia sobre los hijos (en 2003, "el Código criminal del Canadá seguía reconociendo la legitimidad del recurso a los castigos corporales por parte de los padres sobre sus hijos y de la parte de los maestros sobre sus alumnos[34]"). Sus trabajos, o aquellos hechos en

Américan Countries)" texto presentado en el seminario internacional *Strategies of police Interventionin the Modern State,* São Paulo, septiembre 1996.

[33] Cf. Fréderic Ocqueteau, *Déclin de l'État wéberien et recomposition des fonctions policières dans les sociétes de la modernité tardive,* Habilitation à Diriger les Recherches, París, 2002.

[34] Jean-Paul Brodeur, Les visages de la police, Montréal, Les Presses de l'Université de

Francia por Frederic Ocqueteau, muestran bien que el problema del fantástico auge de las empresas privadas de seguridad que se ocupan de la jardinería, de la vigilancia o de la protección de bienes, de las personas y de la información no se reduce a la idea de privatización de la policía, y de su monopolio teórico de la fuerza física. Se instaura, en las democracias modernas, nuevas configuraciones, recomposiciones de las funciones policiacas donde el juego del Estado y el del mercado asumen tareas públicas en relación, según el caso, de competencia, de complementariedad o de paralelismo con el poderío público, con una real autonomía: "la diversidad de los rostros y de las modalidades de la producción de seguridad", escribe al respecto Brodeur, al tratarse de una "consecuencia al cuestionamiento de la noción del monopolio de la fuerza legítima[35]".

c. ¿Quién define la legitimidad?

De hecho, el problema es simple y sencillamente profundo; porque, lo que es considerado o no como violencia verdadera varía en el tiempo, y es definida como tal por la opinión pública y la sociedad civil, que seguido se adelanta con lo que es reconocido como violencia por parte del Estado. La violencia ha estado por tanto tiempo circunscrita a la esfera de lo privado, o asimilable que no pudo más que hacerse pública, y quizás si bien no pudo hacerse legítima al menos ha sido tolerada por el Estado, e incluso a veces encubierta por el mismo Estado. De este modo en Francia, la pedofilia en la actualidad considerada como un crimen, por mucho tiempo fue ampliamente tolerada, incluyendo a aquellos casos que eran objeto por parte de los educadores de la Educación nacional. Su jerarquía los protegía, en todos los niveles, en caso del inicio de algún escándalo o cuando se tratase de sofocarlo: la legitimidad de la institución prohibía que uno de sus agentes pudiese ser cuestionado por este tipo de crimen. El Estado ahora tolera de menos en menos las violencias padecidas por las mujeres, los niños o las personas mayores. Deja menos, en la actualidad que en el pasado, que en la vida privada o familiar ciertas instituciones como la escuela y las iglesias se constitu-

Montréal, 2003. Sobre el tema de la pesquisa anglosajona, véase Jean-Paul Brodeur, Dominique Monjardet (coords.) "Connaître la policie. Grands textes de la recherche anglo-saxonne", *Les cahiers de la Securité Intérieure*, Hors série 2003.

[35] Jean-Paul Brdeur, *op., cit.,* p. 11.

yan enclaves "donde, como lo anota Jean-Paul Brodeur, pueda ejercerse una violencia a veces sistemática y cuyo Estado se rehúsa a cuestionar su legitimidad[36]". La violencia privada, o inserta en lo más profundo de las instituciones, retrocede ahí en donde los movimientos de protesta logran hacerla visible y hacerla reconocible en el espacio público.

De manera general hay que admitir que la legitimidad de la violencia puede ser un hecho cultural y social, y no puede solamente dar cuenta de una definición estatal. Cada cultura, cada sociedad, define en un momento dado lo que tolera, acepta o rechaza, incluso si esta definición no corresponde a las categorías de la ley y del derecho, a las normas fijas y revindicadas por el Estado. La legitimidad de la violencia no procede exclusivamente del proceso racional que encarna el Estado, y con él la burocratización; esta da cuenta también de lo que piensa de ello la sociedad civil y la opinión pública, a veces de manera coyuntural, a veces de manera estructural, inscrita por tanto en el grueso de los valores que no cambian necesariamente con rapidez. Durante mucho tiempo, por ejemplo, el perpetrador asesino del amante de su mujer era exonerado en Francia; mientras que por mucho tiempo, en los Estados Unidos, el negro acusado, sin pruebas y siempre injustamente, de violación de una mujer blanca era condenado sistemáticamente a cumplir duras penas. El juicio de la sociedad o de sus miembros más influyentes sobre tal crimen, cual violencia grave, cual revuelta, no es forzosamente el del Estado. Como bien lo indica Philip Smith en un texto estimulante, resulta que la sociedad aplaude una violencia que juzga de legítima; de manera simétrica, el Estado corre el riesgo de perder el apoyo público cuando no puede hacer corresponder sus recursos destinados a la violencia con las percepciones de la sociedad sobre lo que es legítimo y no lo es en términos de violencia. Smith además agrega que el juego entre la sociedad y el Estado para definir la legitimidad de la violencia está hecho de interacciones que pueden dar lugar a procesos inestables y rápidos *la aceptación de la violencia puede ir y venir con una rapidez desconcertante[37]*".

[36] Jean-Paul Brodeur, "Violences spéculaire", Lignes, No. 25, mayo 1995.

[37] Philip Smith, "Civil Society and Violence: Narrative Forms and the Regulations of Social Conflict", en Jennifer Turpin and Lester R. Kurts (editores), The Web of Violence. From Interpersonal to Global, Urbana and Chicago, University of Ollinois Press, 1997, p. 111.

d. La tesis del deterioro del Estado

Con el gran desorden que vino a provocar la noción de mundialización económica y los fenómenos culturales y sociales que van a la par, ¿acaso no hemos entrado, en realidad, en la era del declive, léase del deterioro del Estado? Para los detentores de esta tesis, ahí donde el Estado es antiguo, como en Europa, se está debilitando; ahí donde es reciente, como en África o en Asia ("puro producto de importación" según la fórmula de Bertrand Badie y Pierre Birnbaum), con frecuencia es corrupto, ineficaz, deslegitimado por el hecho de sus propias carencias, al punto que se ha podido hablar de las "averías del Estado" o del "apagón de Estado" y ver en ello una fuente mayor de inseguridad para el planeta. "La primera cuestión de seguridad en la actualidad, afirma Philippe Delmas, no son las ambiciones de poderío, sino la avería, las descomposturas de los Estados[38]". Algunos prefieren hablar del declive o del regreso al medioevo, para evocar por ejemplo una "Nueva Edad Media" que da cuenta del debilitamiento de los Estados-Nacionales y describir una "pluralidad de comunidades y de lealtades jerárquicas e intricadas" – tema propuesto desde los años setenta por Umberto Eco[39], y retomado recientemente por Pierre Hassner. Algunos otros consideran aún que a la demanda del Estado se le substituye, aquí y allá, aquella de otras instancias garantizando el orden y la seguridad; es así que Ghassan Salamé insiste en el fenómeno paradójico que constituye, claramente en algunas situaciones cuando secretarías del Estado moderno han terminado en corrupción, ineficacia o deslegitimación, o bien en la existencia de demandas de inserción en un orden internacional donde la protección vendría de potencias funcionando sobre la base del modelo de Imperio. El autor habla de "llamados al imperio", a aquello, como bien

---

[38] Philippe Delmas, *op., cit.*, p.9.

[39] Umberto Eco, "Verso un nuovo Medievo", en *Dalla periferia dell'imperio*, citado por Pierre Hassner, op., cit., p.56. "Somos testigos, escribe Hassner (…) de una configuración en la cual los Estados, que permanecen ciertamente en el primer plano, son cada vez más cuestionados por la reemergencia política de la comunidad mundial, por un lado, pero por el otro debido a la anarquía, tanto interior como transnacional. En un cierto sentido, esta doble evolución puede ser considerada como regreso a la Edad Media" Pierre Hassner, "De guerre et paix à violence et intervention. Les contextes politiques et techniques passent, les dilemmes moraux demeurant" [De guerra y paz a violencia e intervención. Los contextos políticos y técnicos pasan, los dilemas morales permanecen], en *Des choix difficiles, op., cit.*, p. 26.

lo explica, que tiene una relación "más flexible que el Estado-nación en lo que concierne la apropiación del territorio[40]".

Regreso al Imperio, nueva Edad Media: las formulaciones pueden variar, marcando a la vez la idea de un deterioro de las formas modernas clásicas del Estado, y aquellas de una reinvención de formas experimentadas en el pasado. Lo que nos invita a examinar la hipótesis de una mutación, más allá del puro y simple declive. Primeramente no es certero que se falle, en todo lados donde el Estado sea reciente, hablar de sus registros asociados a empresas, así como de pueblos que no se organizan aparentemente de otro modo más que por medio del Estado, en forma de reinos e imperios por ejemplo, no significa que este sea un fracaso en automático. Muchos argumentos, por lo contrario, militan a favor de la idea, defendida particularmente por Jean-François Bayart, según la cual se prosigue en África o en Asia, a la "universalización de algunos de los elementos fundamentales de la civilización occidental", incluyendo eventualmente al Estado[41]. No todo es debilitamiento, descomposición, declive o rechazo del Estado, y variadas experiencias contemporáneas sugieren que su concepto está lejos de ser superado históricamente. De este modo, Olivier Roy, interesándose de manera particular al Medio Oriente y a Asia central, muestra que en el Estado permanece el horizonte insuperable de las recomposiciones políticas, y que los grupos de solidaridad infra-estatales donde se observan los juegos y el auge fundados por ejemplo sobre la etnicidad, no pueden exentarse del Estado: "los contrabandos también necesitan fronteras[42]". De hecho, lo más urgente para las Naciones Unidas, en ciertas situaciones de las que están a cargo, ¿no es acaso contribuir a la construcción o a la desconstrucción de un Estado – en el pasado fue Timoro oriental, o bien en Bosnia por ejemplo, hoy en Afganistán o en Angola? Es lo que se dice en la jerga de las ciencias políticas la *"Nation-Building"*, que de hecho es más bien, el *"State-Building"*.

Es imposible proponer una representación unificada y lineal de la evolución actual de la fórmula del Estado y de su adecuación a los pro-

---

[40] Ghassan Salamé, *op., cit.,* p. 56.

[41] Jean-François Bayart, "L'historicité de l'État importé". *Les Cahiers du CERI*, No. 15, 1996, p. 21.

[42] Olivier Roy, "Groupes de solidarité au Moyen-Orient et en Asie centrale", *Les Cahiers du CERI*, No. 16, 1996.

blemas políticos de nuestra época. Empero una cosa es segura: hemos entrado en una coyuntura histórica marcada por la constatación de una ruptura del modelo de relaciones entre Estados tal cual se había pensado por la filosofía política clásica, "desde Hobbes hasta Aron, pasando por Clausewitz y Weber", según la noción de Pierre Hassner[43], y en choque con la idea de un deterioro/ superación del Estado. Este es, más que ayer, pensado como la causa, la fuente o la justificación de la violencia, como fue el caso cuando se trataba de dar cuenta, en los años sesenta y setenta, de las luchas, llamadas de liberación nacional, o social, o de promover algunos proyectos revolucionarios.

En numerosas situaciones, ciertamente, la violencia permanece como una alternativa, una respuesta a la brutalidad del Estado, a un poder dictatorial o a una opresión de tipo neo-colonial. Empero el Estado no se queda en esto, no menos que como en lo esencial de la tradición de la filosofía política, al menos desde Hobbes, la fórmula política iba en el sentido de tener que prohibir la violencia física por fuera de su campo de acción y de control. El problema es que el Estado encuentra algunas dificultades importantes para estar conforme a su concepto. La violencia surge y se desarrolla en sus carencias, o al menos es percibida como tal y vivida como mucho menos tolerable, del hecho que es esperado a este que la haga retroceder. Los ciudadanos tienen cada vez más el sentimiento de que la violencia se expande, al punto que tienen, por razones históricas, la convicción de que la vocación del Estado es de prohibir, como lo ha sabido hacer en el pasado, y que hoy ya no está a la altura. Ahí donde el Estado ha sido siempre débil o poco presente, las expectativas son menos fuertes. Es por eso que el sentimiento de inseguridad es directamente el objeto de las más poderosas demandas políticas en un país como Francia, donde el Estado está supuesto a intervenir masivamente en la vida pública, en comparación con Italia, donde nunca ha sido una realidad tan decisiva, ni esperada. El Estado conserva en el mundo contemporáneo un rol capital para definir y aplacar la violencia física cuando esta no depende de él. Empero la fórmula célebre de Max Weber sobre su monopolio de la violencia física legítima no podría dar cuenta de todos los aspectos de su acción en la materia, y aún menos de sus carencias. Y simétricamente, quien sea que quiera pensar la violencia contemporánea debe ciertamente referirse a un eje

[43] Pierre Hassner, *op.cit.*, p. 26.

que la ligue con el Estado, pero sin hacer de ella el alfa y el omega de todo el análisis. La reflexión sobre el actual periodo reúne también, y no es una paradoja, a aquel de la prehistoria, cuando, por ejemplo, Jean Guilaine y Jean Zammit nos invitan a no excluir la violencia de la experiencia del hombre prehistórico y a no limitar la guerra a "una estrategia estrechamente ligada a la formación de las ciudades, al moldeamiento de los Estados y a su funcionamiento coercitivo[44]".

[44] Jean Guilaine, Jean Zammit, *Le sentier de la guerre. Visage de la violence* préhistorique, París, Seuil, 2001, p. 325.

CAPÍTULO 3

El surgimiento de las víctimas

La invitación a no encerrar en demasía el análisis sobre la violencia desde la dupla que liga y opone, al mismo tiempo, violencia y Estado, tiene aún mayor peso si se le considera un fenómeno que no ha sido abordado hasta ahora, y que no puede pesar mucho sobre nuestra comprensión de la violencia: nos referimos a la afirmación en el espacio público de la figura de la víctima.

El surgimiento de esta figura se ha hecho según diversas perpendiculares, que se han esbozado de manera más precisa en algunas de las coyunturas históricas diferentes, pero que nunca han cesado de acentuarse, y de convergir para desembocar en los años setenta sobre una verdadera ruptura antropológica.

En las sociedades tradicionales, y en las fases anteriores de la modernidad a la nuestra, en efecto, existen diversas figuras de la desdicha vivida, comenzando por aquella de la pobreza, cuyos trabajos de Bronislaw Geremek han podido dar imágenes cautivantes[45]. Aquí la víctima no aparece en sí misma más que poco interesante: su sufrimiento, su integridad física y moral, abofeteada, negada, destruida no tiene mayor peso. Es lo que ella vive de la violencia, en el momento, y es todo, y luego, si llega a sobrevivir, su traumatismo, sus dificultades existenciales son mucho menos interesantes que lo que significó la violencia desde el punto de vista global de la comunidad. La víctima no existe más que por su contribución al orden social, a los equilibrios que amenazan la guerra o la catástrofe natural deseada por los dioses. Si esta es sacrificial, no entendemos su dolor, sus gritos son velados, el carácter terrible de lo que padece no es perceptible, y su muerte, como muchos antropólogos la explican, es concebida como un aporte a la colectividad, al punto que su calvario es negado o asfixiado y que el sacrificio debe aparecer, sino

[45] Bronislaw Geremek, *Les marginaux parisiens aux XIVe. et XVe. siècles*, París, FLammarion, Coll. "Champs", 2001.

como deseado, al menos como aceptado sin recriminación[46]. Y en todos los demás casos, si el crimen es insoportable, si la delincuencia debe ser combatida, es porque los criminales desafían a la sociedad, porque cuestionan el lazo social, porque ellos afectan el orden, más que por el mal que causan a sus víctimas. A lo mucho es esperado de ellas que se quejen, ayuden e informen a las instituciones que están a cargo de la represión.

Y cuando la justicia define las penas y sentencias, cuando el Estado está constituido; el lado "civil" es mucho menos importante que el lado "penal", pues al sancionar al criminal o al delincuente, y al dar satisfacción, a través de la pena, a toda la sociedad, con ello se considera que la justicia ha hecho lo esencial de su trabajo y ha mostrado que al castigar como es convenido, contribuye a disuadir al más grande número de personas que se entregan al mal. La víctima, desde este punto, no tiene gran cosa que demandar, puesto que aquel que ha obrado mal ha sido castigado por el Estado, lo cual parece substituir a la violencia, de cierta manera, como una manera de obtener reparación. En la perspectiva tradicional, pero también en la fase clásica de la era moderna, es toda la sociedad la que es tocada cuando una persona es víctima de un crimen o de un acto de violencia delictiva, es esta la que se trata de proteger, y a quien hay que dar acto, a través de la punición, y garantizando que los culpables no permanezcan impunes. La víctima delega al Estado y a su justicia el cuidado de reparar. O más bien parece delegarle –de todas maneras no tiene elección. En el antiguo derecho, en la antigua justicia, explica Denis Salas, la "infracción reprime una violencia dirigida contra la ley del príncipe: el sistema inquisitorio introduce un nuevo actor, que es el ministerio público, en lugar y en remplazo de las víctimas, para actuar en justicia: la pena golpea al culpable que ofende por su crimen al soberano y substituye a la compensación privada. La víctima es evacuada en beneficio del argumento según el cual el ministerio público debe defender los intereses[47]" de todos.

<hr>

[46] Bernard Lempert, Critique de la pensée sacrificielle, París, Seuil, 2000.

[47] Denis Salas, "Introduction", *La justice une révolution démocratique*, Textos presentados por Denis Salas, París, Desclée de Brouwer, 2001, p. 13.

1. El nacimiento de la víctima

La víctima contemporánea comenzó a adquirir una visibilidad pública en el siglo XIX, en los dominios al menos, internacional por un lado, y por el otro interno a la vida social. Por una parte, la víctima aparece en los campos de batalla, cuando Henri Dunant, en Solferino, concibe la Cruz Roja, y por tanto el proyecto de llevar auxilio a las víctimas de la guerra, en una perspectiva que trasciende necesariamente el punto de vista de los Estados. Pero demos cuenta que en esa época, las víctimas de guerra son algunos militares, que el problema de la protección de los civiles no se plantea, y que la evolución ulterior será impresionante: durante la Primera Guerra Mundial, escribe Simon Chesterman, 5% de las víctimas de guerra son civiles, durante la Segunda, la cifra se eleva a 50% y en los años noventa, pasa a 90%, con un número evidente de mujeres y niños[48]. Las primeras grandes conferencias internacionales, aquellas de la Paz en la Haya, distinguieron, antes de la Primera Guerra mundial, a los civiles de los beligerantes para promover medidas de protección... de ciertos beligerantes sobre los civiles, mientras que en la actualidad, se trata ante todo de proteger a los civiles[49].

Por otra parte, la víctima también aparece en el cuadro de violencia sufrida por las mujeres y los niños. En el siglo XIX, en efecto, como lo constata Georges Vigarello, se constituye la mirada sobre el niño o la mujer como víctima, por lo que se descubre la violencia moral que prolonga, acompaña o precede la violencia física, y cuando se comienza a admitir que algunas presiones y amenazas permiten "extender el territorio de la violencia al apuntar a una brutalidad no directamente física"[50].

Algunos médicos y juristas desempeñan un papel considerable en este movimiento de visibilidad de la violencia no física, por ejemplo, en Francia, los médicos-legistas como Ambrosio Tardieu y Alexandre Lacassagne, y encontramos aquí también el contra-punto en la literatura, con la condesa de Segur y Víctor Hugo; o bien, si se trata de los

[48] Simon Chesterman, "Introduction: Global Norms, Local Contexts", en Simon Chesterman (editor), *Civilians in War*, Boulder (col.), Lynne Rienner Publishers, 2001, pp. 1-6.

[49] Véase en la misma obra a Karma Nabulsi, "Evolving Conceptions of Civilian and Belligerents: one hundred years after the Hague Peace Conferences", pp. 9-24.

[50] George Vigarello, "L'invention de la violence morale" *Sociétés et réprésenation*, No. 6 junio 1998, p. 186.

niños por ejemplo, tenemos a los llamados lindos "diablillos", hasta el conocido personaje de "Cossette", también aún los encontramos en muchos escritos que se le pueden calificar de feministas. En todo caso, ya desde finales del siglo XIX, varios países occidentales habían adoptado algunas leyes para asegurar la protección de los niños maltratados.

Por otro lado, el surgimiento de la víctima, en tanto que objeto específico de políticas públicas se esboza, a finales del siglo XIX, como uno de los aspectos del Estado-Providencia, bajo la forma de una "aseguralización" creciente del riesgo: cuando el poderío político motiva o se hace cargo de la instauración de sistemas de protección o de seguros sociales, o bien cuando una ley es votada a propósito del tema de los accidentes de trabajo, en donde el Estado reconoce que algunos daños deben ser previstos socialmente, y compensados o reparados eventualmente. Ahí introduce una lógica de reconocimiento de la víctima. Como lo escribe Renée Zauberman y Philippe Robert, "la aparición de la víctima como objeto autónomo de políticas públicas (...) constituye una suerte de prolongación o de nueva ramificación del Estado-Providencia, pero al mismo tiempo, promueve la lógica del Estado penal[51]". Ahí en donde el Estado penal evacúa, o casi, a la víctima, el Estado providencia la introduce. Empero hay que hablar de un giro antropológico, sobre todo al considerarlas como transformaciones masivas que han propulsado a la víctima al escenario público desde los años sesenta.

a. Civiles, mujeres y niños

En numerosos países, en efecto, un giro se efectúa aún visible, y no sería posible más que con la instauración de leyes – Nueva Zelanda es la primera, en 1963, en adoptar–, sea una ley sobre la indemnización de las víctimas por allanamientos o bien a través de la aplicación de diversas declaraciones o resoluciones de organizaciones internacionales.

Las evoluciones inauguradas un siglo antes se aceleran, entonces, y se extienden a toda suerte de otros campos bajo el efecto de movilizaciones colectivas; unas formuladas por las víctimas directamente por uno u otro crimen, o por parte de algunas asociaciones que hablan en su nombre, otras reivindicando en nombre de las víctimas en general, como la Sociedad internacional de victimología.

[51] Renée Zauberman y Philippe Robert, *Du côté des victimes. Un autre regard sur la délinquance*, París, L'Harmattan, 1995, p. 8.

El punto de vista de las víctimas, en materia de guerra, se volvió una preocupación central, de modo que las organizaciones humanitarias se multiplicaron y se reforzaron considerablemente. El derecho a la injerencia fue propuesto para hacer posible la intervención humanitaria, aunque en el caso dado signifique pasar por alto la soberanía de los Estados. Hay que volver a decir que en la actualidad, las violencias de tipo guerrillera alcanzan masivamente a las poblaciones civiles, y que las pérdidas humanas y sus correlatos no son solamente el lote de los combatientes.

La sensibilidad desde el punto de vista de las víctimas de la guerra no data de los diez o veinte últimos años del siglo XX: encontramos ya notoriamente la marca en la psiquiatría, después en el psicoanálisis con Charcot, o en Freud desde 1893 con sus *Estudios sobre la histeria*, y en particular con respecto al traumatismo y la neurosis de guerra. Empero, esta sensibilidad se ha acentuado y se ha convertido a tal punto que ha invadido en la actualidad otras disciplinas de las ciencias sociales, teniendo peso en particular en la historia, cuyas perspectivas se han renovado considerablemente. La guerra, desde entonces, ya no es un problema de relaciones interestatales, sino también el objeto de los análisis estratégicos, que es un dominio de la historia de las naciones y de sus conflictos, desarrollado desde entonces, como se puede constatar con la lectura del libro de Stéphane Audoin-Rouzeau y Annette Becker sobre la Primera Guerra Mundial[52], que trata de una violencia que se ejerce sobre el cuerpo, haciendo difícil el trabajo de duelo necesario en aquellos combatientes que se volvieron víctimas, lo que termina siendo una experiencia de traumatismo para los sobrevivientes.

Los movimientos de mujeres, feministas o no, también se han visto relanzados durante el primer periodo, haciendo cada vez más difícil el mantener confinadas, en la esfera tabú del espacio privado, las violencias que las mujeres sufren, instaurándose cada vez más en el espacio público, haciendo, de manera notoria, la violación como un crimen mayor, incluido más recientemente, si se trata incluso de una violación conyugal, luchando así, para liquidar la vergüenza que estigmatiza el hecho de haber sido víctima, y que paraliza a la acción. Si las luchas por la emancipación de las mujeres no data del siglo XX, por lo contrario,

[52] Stéphane Audoin-Rouzeau, Annette Becker, *14-18 Retrouver la guerre*, París, Gallimard, 2000.

la movilización contra las violencias que sufren, violación, violencias conyugales o familiares, incesto, tomó revuelo en las manifestaciones de 1968, suscitando en numerosos países algunas modificaciones de las leyes y del derecho.

Sea que se trate de violencias ligadas a la guerra, a la vida social o a la vida privada, la reafirmación acentuada de las víctimas, desde finales de los años sesenta, debe también relacionarse con el papel planetario que han desempeñado los medios de comunicación electrónicos, y ante todo la televisión. Escuchemos para ilustrar este punto el relato propuesto por Jacky Mamou con respecto al nacimiento de los "Médicos sin fronteras". En 1968, él explica que algunos médicos franceses, cuando iban a curar a Ibos que estaban muriendo en decenas de miles del Biafra, querían contar lo que veían, pero el reglamento de la Cruz Roja para quienes trabajan ahí se los prohíbe. Empero, por primera vez, la televisión mostró a niños pequeños agonizando de hambre y a los propios médicos expresándose al respecto: "Los médicos gritaban, diciendo que no había buenas o malas víctimas (…) sino solamente civiles que se les hacía morir". De esta intervención nacerá "Médicos sin fronteras", que sabrá a la postres cómo mediatizar sus acciones: "La opinión pública debe ser el escudo para proteger a las víctimas. Los medios (…) van a dar una enorme visibilidad a sus acciones"[53].

Por otra parte, la opinión se preocupa cada vez más por las violencias padecidas por los niños, que han sido particularmente revulsivas con el episodio en Bélgica, con el caso Dutroux, que es este pedófilo asesino cuyos crímenes no solo instalaron de manera más clara estos problemas en el espacio público, sino que también puso en evidencia las carencias de las instituciones, en este caso, los aparatos belgas de justicia y de policía, que hicieron posible tales acciones. La "Marcha blanca", inmenso movimiento de protesta y de emoción, constituyó el 20 de octubre de 1996 un gran momento en la historia reciente de los actores, al transformar el drama de las víctimas en debate y conflicto. Antes, los asuntos de pedofilia eran generalmente asfixiados por las instituciones en el seno de los que eventualmente habían surgido: el educador era encubierto por la dirección del establecimiento escolar, y este a su vez por la inspección académica, la rectoría o el ministerio correspondientes; el cura era protegido por su jerarquía. Los inmensos

---

[53] Jacky Mamou, *L'Humanitaire expliqué à mes enfants*, París, Seuil, 2001, pp. 18-19.

escándalos que han sacudido la jerarquía católica, a partir particularmente de revelaciones de conductas pedófilas, que la prensa estadounidense mostró sus alcances en 2001, nos indican a su manera, que la iglesia católica, como institución, ha perdido su carácter intocable, que le autorizaba hasta entonces, en muchos países, a imponerse desde muy alto a toda la sociedad. En la actualidad, el niño es protegido, por ejemplo con el texto de Convención adoptada por las Naciones unidas en 1989, que afirma sus derechos, y que establece que las instituciones ya no son universos prohibidos de ser cuestionados. En los debates sobre estas cuestiones, todo ha cambiado, al punto de que algunas voces se han hecho escuchar exigiendo que se considere con mucha prudencia la palabra de los niños víctimas, que puede ser susceptible de no ser más que confabulaciones, que puedan arruinar la vida de una persona acusada injustamente.

Se puede, por otro lado, presentar el énfasis de las víctimas como uno de los movimientos sociales que ha contribuido, después de 1968, a resquebrajar a las sociedades occidentales. Es así que una obra colectiva consagrada en lo esencial a las terapias post-traumáticas propuestas a las víctimas de actos de violencia criminal contiene un texto que relata la historia de los movimientos estadounidenses de las victimas del crimen[54]. Marlene A. Young nos recuerda aquí que las tasas de criminalidad en los Estados Unidos aumentaron en los años sesenta, cuando fueron llevados los primeros estudios de victimización. Una agencia oficial se instauró, a principios de los años setenta, para lanzar algunos programas y servicios de ayuda a las víctimas, al mismo tiempo que el gobierno se dijo preocupado por el tema de los abusos sufridos por los niños. Lo importante aquí es que la actividad de las instituciones se vuelve indisociable de la formación de una acción colectiva contestataria. Algunos movimientos de mujeres denuncian en su momento la violación, y algunos otros de entre ellos crearon centros para recibir a las víctimas. Un poco más tarde, a partir de 1974, estos refugios para las mujeres golpeadas ("Battered-women's shelters") o víctimas de violación ("Rape Crisis Centers") que se abrieron, con frecuencia, eran animados por las propias víctimas. En este movimiento, ellas se descubren, se reconocen

---

[54] Marlene A. Young, "The Crime Victim's Movement", en Frank M. Ochberg MD (ed.) *Post-Traumatic Therapy and victims of Violence*, Nueva York, Brunner/ mazel Publishers, 1988, pp. 319-329.

como tales, a lo mucho como supervivientes ("survivors"), sacando de ahí orgullo y dignidad de este reconocimiento mutuo. El movimiento se enjundia al sistema de justicia criminal, hasta entonces ignorante de este tipo de violencias. La protesta se conjuga con intensas actividades institucionales, el desarrollo de programas y de servicios, y de algunas actividades de investigación. Estas desembocarían en el concepto de "Rape trauma syndrome", el síntoma traumático de la violación, que fue el precursor del "Vietnam Veteran's syndrome" y del "battered-woman's syndrome", que contribuyeron a moldear en 1980 el "PTSD", el Post Traumático Desorden de Estrés, muy importante en ese entonces en la literatura psiquiátrica especializada, categoría, por ejemplo, a la que se refiere constantemente el *American Psychiatric Association*. Los actores del movimiento no son solamente las víctimas, sino también los investigadores y los innovadores en el seno de la justicia estadounidense. En 1975, una asociación nacional es creada, NOVA (*National Organization for Victim Assistance*), algunas conferencias anuales también son programadas. El movimiento se diversificó al ser sacudido a veces por vivas tensiones internas, e incluso algunas cisiones –iniciadas, por ejemplo, en 1978, con una organización que se separó de NOVA para solo ocuparse de la victimas de agresión sexual–. Los primeros esperan mucho de las instituciones y de la ayuda federal, otras desarrollando algunos de los servicios y del apoyo mutuo, otras organizaciones ocupándose incluso de ejercer una presión política, reivindicado algunas leyes, algunas reformas, tales como por ejemplo las *Mothers Against Drink Driving*. El movimiento demandó justicia para las víctimas, su aporte ha sido el del fin del aislamiento y de la vergüenza en estos casos, y lograr obtener con ello medidas legislativas. Tal como lo escribe Marlene A. Young, "desde entonces, finalmente el crimen era comprendido desde el punto de vista de las víctimas –y no en la perspectiva de una sociedad que desea mantener a las víctimas a distancia–"[55].

Este proceso de formación de movimientos de víctimas nos sitúa enfrente de dos cuestiones distintas, que las dos nos remiten al tema, cuestionable por cierto, del debilitamiento interno de nuestras sociedades y de sus Estados: ¿acaso la entrada masiva de las víctimas en el espacio público no significa, por tanto, una disolución de la liga que separa lo privado de lo público? Entre más las víctimas se expresan

[55] *Idem*, p. 325.

como tales, en efecto, pidiendo que sean combatidas públicamente las violencias que ellas sufren en privado, más terminan por cuestionar la distinción entre esfera pública, donde son tratados los problemas de la vida colectiva, y la esfera privada, donde la violencia deja casi de ser observada, por el único hecho de que solo le concierne a sus protagonistas –salvo un desborde gravísimo de algún tipo de crimen o asesinato–. La emergencia de la figura de la víctima, aquí, se inscribe en las tendencias contemporáneas ya señaladas, hasta llegar a la crisis de las instituciones. Al hacer públicas, en efecto, las violencias sufridas por las mujeres y los niños, y llegar a minimizarlas por considerarlas privadas, la evolución reciente no hace más que asegurar el paso de un problema de una esfera a otra; ésta traduce, más profundamente, una mutación en nuestras concepciones del Estado y algunas instituciones, en lo que podríamos esperar como resultado alguna desinstitucionalización que podría llamarse reinstitucionalización. En esta perspectiva, el futuro podría ser, en efecto, ya no el de la supresión de las instituciones, ni el regreso improbable a su funcionamiento anterior, sino a la extensión del control del Estado. Podría ser también, muy diferentemente, según algunas fórmulas esbozadas, que las instituciones cesen de imponerse en la vida social, e ignorar la vida privada, para volverse más sensibles a las personas singulares que reciben o de las que se hacen cargo, pero también aquellas que trabajan por ello. Algunas instituciones se vertieron hacia los sujetos personales, de por sí ya sacralizados. Una tendencia de este tipo está de hecho inscrita en el derecho, como lo testimonia su evolución reciente. Es de este modo que Élisabeth Badinter, en uno de sus ensayos, denunciaba la "falsa ruta" tomada según ciertas corrientes del feminismo, a partir de la constatación del "nuevo código penal de 1992", que ya no habla más de atentados a las costumbres sino de "agresiones sexuales"[56], dicho de otra manera, el movimiento termina por preocuparse menos del orden colectivo y más de la integralidad de las personas.

Una segunda interrogación concierne, más bien, a las relaciones internacionales, con el tema de la paz y la guerra, así como la soberanía de los Estados. Si las víctimas de guerra vienen a tomar el lugar del combatiente en el espíritu público, a partir de los trabajos hechos por los historiadores que revisan el pasado, a partir de las interrogaciones

---

[56] Élisabeth Badinter, *Fausse route*, París, Ed. Odile Jacob, 2003.

y las expectativas del presente, ¿acaso esto no significaría una suerte de desacralización del Estado, donde se arruina, por ejemplo, la idea del sacrificio para la patria, que nos hacen recordar en Francia, los miles de monumentos erigidos en honor a los muertos de la Primera Guerra mundial? Y, sobre todo, el derecho de injerencia promovido por numerosas organizaciones humanitarias, pero no solamente significa que el Estado soberano es una realidad, que para ellas pasa después de la defensa de la existencia de civiles amenazados por la barbarie, y que el Estado ya no es el garante último que protege tanto de la violencia, como del desorden y del caos. La subida en potencia de la figura de la víctima tiene como correlato el cuestionamiento del Estado, cuya soberanía pasa después de la defensa de las víctimas, actuales o potenciales, y que en este caso corren el riesgo tanto de ser desgarradas o desposeídas de sus atributos legítimos. Aún hace falta dar nota que con frecuencia las víctimas se vierten contra el Estado en lugar de rodearlo, incluso aunque no sea de este del que dependan para obtener reparación, lo que hemos visto, particularmente, con los descendientes de las víctimas del genocidio.

b. Las víctimas de crímenes contra la humanidad

Lo que vale para las víctimas de la criminalidad o de la delincuencia clásicas se reencuentra, si se le considera, en aquellas de los crímenes contra la humanidad. Noción discutible, que destaca una variedad de crímenes por encima de las normas jurídicas o políticas de toda vida colectiva, y que al mismo tiempo fija para ella tanto algunas normas de los tribunales y, por tanto, algunos criterios y algunas instancias de juicio. Empero, se trata de una noción a partir de la que se constituyen algunos grupos que piden reconocimiento y/o, eventualmente, reconocimiento no es lo mismo que reparación.

Las primeras personas en haber sabido constituirse en víctimas, en el sentido contemporáneo del término, fueron los judíos que, veinte años después de la Segunda Guerra Mundial y el genocidio del que fueron objeto, se comenzó a operar explícitamente un regreso del que Jean-Michel Chaumont ofreció un relato particularmente cautivante[57]. Al inicio, explica, surge un debate, del que Elie Wiesel es la principal

[57] Jean-Michel Chaumont, *La concurrence des victimes. Génocides, identité, reconnaissance,* París, La Decouverte, 1997.

protagonista. Se trata de afirmar de la unicidad de la Shoah, el carácter único de esta experiencia, diferente cualitativamente de cualquier otra, puesto que, como dice Wiesel, esta es mesiánica, y no histórica, esta es judía, y por lo tanto ligada a una identidad singular. Pero, sobre todo, los judíos, con Wiesel, rompen a finales de los años sesenta con toda vergüenza, comprendido si se trata del genocidio, al preguntarse Wiesel el "¿por qué no lo reivindican como un capítulo glorioso de nuestra historia eterna?" que aboga para que se reabra "el evento con orgullo"[58]. Se esboza entonces lo que se volverá un poderoso movimiento de auto-afirmación en el que las víctimas judías de la barbarie nazi exigen y obtienen primero reconocimiento de lo que ellos tuvieron que soportar, haciéndolas víctimas como a su descendencia, quienes después pesarán por su memoria sobre la historia, obteniendo con ello en Francia, por ejemplo, un examen histórico de lo que fue el periodo de Vichy.

Otras víctimas colectivas, desde entonces, van a poblar la escena política de las sociedades occidentales, pero también los debates internacionales, de modo que por otro lado se alimenta un nuevo dominio de investigación en ciencias sociales, como es el de los grandes "genocide studies": verbigracia, el de los armenios que actuaron para reclamar el reconocimiento de su genocidio de 1915, primero de manera terrorista, en los años setenta, con el ASALA, después al movilizar otros recursos como el de los negros estadounidenses, o los de África, que exigieron reparación de la esclavitud cuyos ancestros fueron objeto, y de la que todavía sufren en la actualidad el impacto traumático, etc. Las víctimas que se expresan en la actualidad no fueron tocadas necesariamente en su integridad personal por la violencia genocida, o por la barbarie perpetrada en los crímenes contra la humanidad. Ellas se vieron afectadas en cuanto que pertenecen a un conjunto, a un grupo; y sobre todo su descendencia, que fue objeto de crímenes, masacres masivas, genocidios y otras violencias extremas que han saqueado sus parámetros históricos, sus modos de vida, su cultura, de donde viene, por ejemplo, el uso de neologismos como el de etnocidio. Lo que tienden las víctimas a exigir no va de sí, sino que pueden también otorgarles el perdón,

---

[58] En 1967, un simposio reúne a cuatro personalidades judías: Emil L. Fackenheim, Richard H. Popkin, George Steiner y Elie Wiessel para tratar algunos "valores judíos en el futuro después del holocausto". Las reflexiones y los debates serán publicados después en la revista *Judaism*, van a ser considerados por Chaumont como textos fundadores. Las tesis citadas de Wiesel provienen de su contribución en este *dossier*.

pero tampoco, como lo mostró Jacques Derrida en una amplia entrevista publicada en diciembre de 1999 en *Le Monde des Débats*. ¿Acaso las víctimas esperan que se les sea reconocido el drama que han vivido, y se les otorguen compensaciones o reparaciones, eventualmente tangibles, y financieras? Los demandantes que afirman pertenecer a ello estarían en pleno derecho de hacerlo, en tanto que siguen sufriendo por ello; pueden seguir haciéndolo en nombre de sus padres o de sus ancestros, pero por lo mismo, de manera simétrica, ¿qué puede significar el perdón, si no es por que proviene solo de un cercano o de un predecesor de la víctima, de hecho ya desaparecida o asesinada; cuando en el fondo se trata, por tanto, de una víctima relativa y en nada absoluta?

Y, qué decir de aquellos quienes garantizan el reconocimiento, o la reparación: ¿son acaso ellos los culpables, pueden expiar la falta, el crimen, sobre todo si aquellos que lo cometieron no son sus predecesores, ni son los anteriores detentores de un poder o de recursos que en la actualidad ellos detentan? La subjetividad de unos y otros es rápidamente, en lo que conciernen los crímenes masivos, comprendida por las personas concernidas e implicadas, y que sin embargo no tienen con frecuencia más que una relación histórica o memorial con el drama en cuestión, una relación que transita a través de identificaciones religiosas étnicas, culturales, políticas y que sin embargo dependen en buena parte de lecciones y de decisiones altamente individuales –pues depende si eligieron exigir reconocimiento, o prefirieron intentar olvidarlo; o se eligió exigir reparación, o solo consideran que nada jamás podrá reparar la falta, etc..

La entrada en la era de las víctimas plantea inmensos e innombrables problemas políticos, étnicos, jurídicos, intelectuales. Esta se instala en la escena pública de los actores, que en el pasado no tenían su lugar como tales, y que a lo mucho conformaron extraños movimientos sociales, movimientos donde aquellos que reivindicaban eran algunas víctimas vivas que hablaban en nombre de los muertos, o de los desaparecidos, sin que por lo tanto sus demandas se limitaran al único reconocimiento del pasado. Como por ejemplo las "locas" de la plaza de mayo en Buenos Aires que recuerdan los crímenes de la dictadura militar que las privó de sus familiares, de sus hijos, de sus padres. Empero, estas mujeres también, y más aún las organizaciones de niños desaparecidos, conforman en ciertas de sus posiciones un llamado a la democracia y a la justicia en la sociedad argentina de la actualidad.

Agreguemos que entre más las "víctimas" se expresan y exigen a ser reconocidas, más el marco clásico del Estado-nacional se ve ahí más susceptible de ser criticado y resquebrajado. Las víctimas tienen cuentas a exigir que no se detienen necesariamente en las fronteras de tal o cual país, pues interpelan, cada vez más, a las organizaciones internacionales, y se organizan, a veces, sobre un modo de diáspora transnacional, lo que contribuye al debilitamiento de los Estados y de las instituciones que constituye también, como lo veremos más adelante, una de las dimensiones esenciales del acentuación de víctimas.

c. La ciencia de las víctimas

A partir del momento en que la figura de la víctima existe como tal, no es sorprendente que un saber específico se ocupe de ello, y que se desarrolle como sujeto de discurso con pretensión científica. La criminología, eventualmente asociada a la psiquiatría, tiene aquí la vía abierta de una manera que puede ser ampliamente discutible, ya que por mucho tiempo la victimología balbuciente se interesó ante todo en los procesos por los que una persona se vuelve víctima, y a los consensos por los que llega a ello, y las consecuencias que salen de esto, privilegiando la idea de un lazo fundamental entre la víctima y el criminal. Para los fundadores de esta rama del estudio del crimen, la víctima y su verdugo forman un dúo, "observamos verdaderos trazos comunes entre la víctima y el autor, el asesino y el asesinado, el estafador y el engañado", así lo declara en 1948 el padre de la "victimología" Hans Von Hentig[59]. De hecho, dos orientaciones marcan esta disciplina naciente.

La primera continua explorando la idea de una relación entre víctima y culpable que, en esta perspectiva, no podrían estar disociados, lo que confirmaría el hecho de que estadísticamente, las "víctimas a ciegas", aquellas de la "victimización" (algunos autores hablan de "victimización", pues el vocabulario no está aún estabilizado) resultan de una pura coincidencia, y son más raras que aquellas que de una manera u otra colaboran al crimen, voluntariamente o inconscientemente.

---

[59] Citado por Carole Damiani, *Les victimes. Violences publiques et crimes privés*, París, Bayard, 1997, p. 35.

La segunda orientación prolonga a la primera, pero desarrollando un punto de vista psicoanalista o psiquiátrico, e interesándose en los fundamentos personales y en los mecanismos psíquicos que hacen que ciertas personas estén más que otras inclinadas a ser víctimas de un crimen, en particular sexual (violación, incesto particularmente). Esta orientación insiste, en ciertos trabajos, sobre el hecho de que los agresores de la actualidad son, con frecuencia, las víctimas de ayer, lo que contribuye a confundir la frontera entre las dos figuras[60]. El secuestro de Patricia Hearst[61] en 1972, seguido del terrorismo de los años setenta, fueron la ocasión de ilustrar esta imagen de la confusión, teorizada por Frank Ochberg, que se le ha llamado el "síndrome Estocolmo": este síndrome se observa cuando después de una toma de rehenes, las víctimas en el exterior toman partido por los secuestradores, contra las fuerzas de policía por ejemplo, si es que se trata de un asunto crapuloso, o bien en contra del país o el régimen que denuncian los terroristas, si es que se trata de un asunto político. Una variante original de esta orientación es propuesta por Bernard Lempert con respecto a las violencias cometidas en el interior de ciertas sectas. Si se quiere comprender estas violencias, que pueden ir hasta el asesinato de ciertos miembros, es necesario que estas sean imputables a los individuos que las reproducen en el seno de la secta, que serían los procesos de maltrato que funcionan sobre el modo de la transposición de antiguos modelos familiares. "La secta es, en parte, hija de la familia", afirma Lempert, "ciertos sufrimientos familiares de origen están por alguna razón en la radicalidad de tal o cual grupo"[62]. Aquí no se trata de un traumatismo personal que hace de la víctima la culpable del mañana, sino una estructura familiar que se reproduce –lo que inscribe el razonamiento en la misma categoría, cuyo presente se explica por el pasado, véase incluso que surja, eventualmente, una inversión de roles–.

La confusión de la víctima y del culpable, la idea de que el culpable de hoy es la víctima de ayer no se limita a los mecanismos psicológicos

---

[60] Encontraremos en Carole Damiani, *op., cit.*, algunas referencias más precisas sobre estos trabajos y, más ampliamente, sobre el "advenimiento", según su expresión, de la victimología como ciencia.

[61] Hija de un célebre millonario estadounidense, Patricia Hearst se identificó al grupo que la había raptado y que reclamaba una recompensa como precio a su liberación.

[62] Bernard Lempert, *Le retour de l'intolérance. Sectarisme et chasse aux sorcières*, París Fayard, 2002, p.10.

que vienen de ser evocados; pues puede tomar la apariencia de una lógica de la venganza, mucho más consciente y con frecuencia culturalmente legítima, véase inscrita en los ciclos sin fin, donde toda *vendetta* llama a otra. Y, lo que es válido a la escala de los individuos puede también serlo a la escala colectiva. Es de este modo, por ejemplo, que Neil Kressel hace el llamado a este tipo de análisis con respecto a las masacres y violaciones en masa cometidos en Bosnia por los serbios a principios de los años noventa: "Ningún factor aislado, no ha impedido contribuir a la voluntad de los criminales de guerra serbios, por el hecho de ignorar las interdicciones morales que la reactivación en su cólera relativa a la manera en la que dicho pueblo había sufrido en las manos de los croatas durante la segunda Guerra mundial"[63].

A decir de los autores del libro *Precisiones de victimología general*, "buscar la parte de culpabilidad en la víctima, no puede hacerse más que por medio de la identificación al criminal. Es al adoptar el punto de vista del criminal que se considera que la jovencita sola y vestida con ropa corta y ajustada es un llamado a la violación, o que el auto sin estar cerrado presenta posibilidades de robarlo, y el departamento no protegido amerita las posibilidades de desvalijarlo. Si uno se identifica con la víctima, se tendría una mirada de otro tipo"[64]" Para romper con esta tendencia, los autores distinguen, después de la "primera victimología" de Hans von Hentig, una "segunda victimología", que ya no se interesa tanto en la relación de la víctima y del criminal, sino en la sociedad y en su capacidad de reconocer el estatus de la víctima, así como la ayuda y la asistencia que apela toda víctima[65].

La ciencia de las víctimas, al movilizar en lo esencial a los juristas, algunos psiquiatras y algunos médicos, contribuye mucho cuando se trata de decir lo que es una víctima; y, al distinguir en ello diferentes tipos, permite abordar el problema central del traumatismo y de especificar la noción de sufrimiento, así como de proponer pero también discutir algunos modos concretos de hacerse cargo de ello, de la reparación o de la indemnización.

---

[63] Neil J. Kressel, *Mass Hate. The Global Rise of Genocide and Terror*, Cambridge, Westview Press, 2002 [1996], p. 32.

[64] Jean Audet, Jean-François Katz, *Précis de victimologie générale*, París, Dunod, 1999.

[65] *Idem*, pp. 13-27. Los autores hablan también de "una victimología clínica" y de una "victimología etnológica".

Y, al conocer mejor la violencia sufrida desde el punto de vista de las víctimas, ¿acaso no se comprende mejor el crimen, la delincuencia? Las primeras encuestas llamadas de "victimización", aparecidas a mediados de los años sesentas en los Estados Unidos, bajo demanda del presidente Johnson, tenían precisamente como objetivo el producir algunos conocimientos sobre la criminalidad. Inicialmente, consistían en interrogar una muestra representativa de una población dada con la ayuda de un cuestionario portando por un lado sobre el tema de la "victimización", los crímenes y los delitos sufridos en el transcurso de un periodo determinado, y por el otro, sobre la violencia en sí misma. El objetivo era el de reducir la "cifra negra", es decir, la diferencia entre los datos oficiales, registrados por la policía o la justicia, y la realidad del crimen y de la delincuencia vividas efectivamente por la población que no declara necesariamente a las autoridades todos los males que padecen. En Francia los primeros trabajos datan de los años ochenta, y existen sin embargo algunos estudios y algunas comparaciones internacionales. En algunos países, las encuestas de victimización se han hecho rutina.

Por cierto, el método de este tipo de encuestas plantea numerosos problemas. Contrariamente a las expectativas de sus precursores, si acaso estas han aportado algunos conocimientos útiles, no es tanto sobre el tema del crimen o sobre los criminales, ni tanto más que sobre las víctimas, o de manera más precisa, sobre la diversidad de las "victimizaciones"y, por tanto, tampoco han aportado mucho sobre las expectativas en materia de seguridad y de intervención que tendría el poder público[66].

2. La violencia como negación del sujeto

Hemos comenzado de esta manera a mejor cernir las apuestas del giro antropológico que se juega con el surgimiento de las víctimas en el espacio público. Por un lado, este marca una mutación de las instituciones, aunque solo sea al imponerse en el desplazamiento de la definición de las fronteras entre espacio público y espacio privado; por otro lado, este ha transformado una categoría hasta entonces invisible, o casi, en el espacio público, es decir, en una figura mayor de la modernidad con-

---

[66] Es la principal lección que se puede obtener de estas encuestas tal cual fueron llevadas en Francia en el marco del CESDIP. Cf. Renée Zauberman y Philippe Robert, *op., cit.*

temporánea, donde pone en escena una de las modalidades posibles de expresión del sujeto individual y eventualmente colectivo.

a. La crisis del Estado y de la política

La invención de la víctima, y aún más, su impacto, son indisociables de lo que con frecuencia traducen (víctima/impacto) en sí mismos; como las carencias, las negligencias y desamparos del político, la descomposición de los Estados y de los sistemas políticos y jurídicos, incapaces de asumir sus funciones clásicas, de garantizar el orden, la cohesión, el lazo social, y sacudidos por las exigencias crecientes de toda suerte de víctimas. Ahí está la faz inquietante de la era de las víctimas, que subrayan, por ejemplo Renée Zauberman y Philippe Robert cuando sugieren que "se puede pensar (…) que el interés para las víctimas han poderosamente beneficiado del desarrollo, en los años setenta, de un sentimiento de fracaso de todas las soluciones destinadas a "tratar" al delincuente o a "reinsertarlo" socialmente. Una vez proclamado, contrariamente a todas las soluciones un *nothing works* definitivo, críticos radicales de la justicia penal, defensores de la igualdad (*Justice model*), contra el arbitrario de las sanciones indeterminadas, los neo-realistas implacables en promover la neutralización de los delincuentes y de la intimidación, todos ellos han contribuido a diestra y siniestra, a desviar el interés del delincuente, creando así una suerte de vacío del que se vio beneficiado el nuevo interés por la víctima"[67].

Esta crisis del Estado, de lo político y de las instituciones se alimenta de lo que contribuye a producir. Se nutre, en efecto, el sentimiento de que los poderes públicos son incapaces de hacer frente al crimen y a la delincuencia, y que hace falta, por lo consecuente, encontrar otras respuestas. Unos desarrollan la nostalgia más o menos reaccionaria de un pasado mítico donde el orden reina, otros se distancian de toda confianza en la justicia penal, y esperan sobre todo el ser indemnizados por el Estado, por los seguros, o gracias a una acción civil que se arreglará quizás por arriba en una transacción –esta última actitud inscribiéndose en una tendencia creciente a hacer el llamado al derecho, y ya no al Estado–. Además, las víctimas se movilizan, de una manera o de otra; aunando a los medios de comunicación masivos que se hacen eco ellos

---

[67] Renée Zauberman y Philippe Robert, *op. cit.*, p. 22.

mismos de sus conductas, de sus esperas y de sus reivindicaciones, y con ello más se profundiza en el tema de la desinstitucionalización y la pérdida de confianza en el Estado y en la clase política.

Entre menos el poderío público se muestra capaz de aportar un tratamiento político, policíaco y jurídico a la violencia, más las víctimas se manifiestan. Entre más las víctimas se manifiestan , menos el Estado aparece capaz de asegurar sus funciones de garante del orden y del lazo social.

Es por ello que no es absurdo asociar el tema del miedo a aquel de las víctimas. Aún hace falta hacerse la pregunta, en la materia, de la responsabilidad del Estado. ¿Acaso está en cuestionamiento su figura? ¿No habría más bien, o también, incriminar a los medios de comunicación, como lo sugiere David L. Altheide, quien según desde los años ochenta en los Estados Unidos, los medios de comunicación crearían la imagen de un mundo sin control, fuera de control[68]? El autor explica que "estos últimos dicen que somos incapaces de participar en la vida social por nosotros mismos, puesto que somos tributarios de las nuevas noticias que ellos difunden, y de las cuales no estamos sin influencia". Ahora bien, su principal mensaje, que se lo lleva todo, es el temor. En esta perspectiva, los medios de comunicación masiva subsisten no tanto por el orden y el Estado, tanto como a Dios con la moral, sino que, como dice Altheide, en una sociedad secularizada, ya no se tiene miedo de Dios, sino del crimen. Aquí se constata que el término de miedo se ha desarrollado en los medios de comunicación a partir de mediados de los años noventa, y sucede lo mismo con otra palabra, que es el de *víctima*. Habría un lazo entre el miedo, omnipresente en los medios de comunicación masivos, y la afirmación de las víctimas, las dos perteneciendo al mismo cuadro, "la victimización [*victimization* (or *victimihood*)] que en cuanto estatus descansa sobre el miedo omnipresente porque es éste el que le confiere un sentido y lo hace posible y captable al público"[69].

Otra autor llamado Franck Furedi permite a Altheide ilustrar esta tesis: "La pre-condición para el surgimiento de la identidad de víctima fue la consolidación de la consciencia del riesgo. En el reino Unido y los

---

[68] David L Altheide, *Creating Fear. News and the Construction of Crisis*, New York, Aldine de Gruyter, 2002.

[69] *Idem.*, p. 41.

Estados Unidos, el miedo creciente del crimen y la percepción creciente de los riesgos contribuyeron a difundir el sentimiento de que cada uno es víctima potencial"[70].

Este punto de vista completa la crítica al asociar la omnipresencia de las visitas no solamente al desamparo de lo político y a las carencias del Estado, sino también al sistema de medios de comunicación y a la manera en la que se construyen nuestras categorías. Desemboca en la idea de que la víctima es la persona que debe ser protegida en un mundo vuelto efectivamente peligroso del hecho de que hace falta controles estatales, u otros, permitiendo separar el miedo.

Política, mediática: ¿acaso no habría que ampliar aún más la crítica con el tema de las víctimas, al decir que vienen a traducir, de manera más profunda aún, una mutación cultural general, una profunda de la cultura? Lo que considera, claramente, Robert Hughes, es que él también denuncia la omnipresencia de las víctimas en la sensibilidad contemporánea, para ver ahí no solamente un fenómeno político, sino también, y sobre todo, un fenómeno cultural. Todo el mundo, explica él[71], busca ser una víctima, puesto que quejarse otorga poder. Se crearía una "cultura infantilizada de la queja" donde la "expansión de los derechos se hace si la otra mitad de la ciudadanía –La atadura a algunos deberes y obligaciones". A decir de Hughes, esta decadencia iría a la par con la subida de la subjetividad, donde el acento estaría en todos lados, y en lo sucesivo puesto en la subjetividad, sobre "aquello que resentimos sobre las cosas, y ya no sobre lo que nosotros pensamos o podemos saber"[72]. Esto conduce a citar a Goethe, para quien las épocas regresivas son siempre subjetivas, mientras que las épocas de progreso están dominadas por la objetividad. El tema de las víctimas es de este modo estrechado con aquel de la subjetividad y de su importancia creciente en el debate público, lo que nos parece bien visto, pero también está asociado a la idea de decadencia, lo que es evidentemente mucho más cuestionable. Puesto que el tema de la decadencia encuentra generalmente su es-

[70] Franck Furedi, *Culture of Fear. Risk-taking and the Morality of Low Expectations*. Londrés, Cassell, 1991, p. 100.

[71] Robert Hughes, *The Culture of Complaint. The Fraying of America*, New York, Oxford University Press, 1993.

[72] *Idem*, p. 10.

pacio cuando el paisaje cambia, testimoniando entonces de la dificultad de pensar, como decía Marc Bloch, lo nuevo y lo sorprendente.

b. El reconocimiento del sujeto

¿Por qué reducir esta dimensión subjetiva de la temática de las víctimas con la hipótesis negativa de una decadencia? El surgimiento de la víctima significa también el reconocimiento público del sufrimiento soportado por una persona singular o por un grupo, de la experiencia vivida de la violencia sufrida, la toma en consideración del traumatismo, y de su impacto ulterior. Este surgimiento marca la presencia del sujeto personal en la consciencia colectiva, en política, en la vida intelectual, testimonia por tanto una sensibilidad acrecentada con los problemas no solamente del funcionamiento social, y de la socialización, sino también de la subjetivación y de los riesgos de desubjetivación. Es esto lo que muestra con bríos Alain Renaut con respecto a la infancia, cuando se designa al niño como un sujeto a quien se le reconocen derechos en la época moderna, lo que implica limitar "la posibilidad de infringirle cualquier trato" y "excluirlo de la aplicación de técnicas de adiestramiento aparentando a aquellas usadas para enderezar a los animales"[73]. La dinámica de la subjetivación, característica de la modernidad, excluye el recurso a la violencia, que es el denunciar todo aquello que puede contribuir a hacer del niño una víctima, es promover lo que debe hacerse al respecto, que es lo contrario de un sujeto. El surgimiento de la víctima introduce masivamente con fuerza la temática del sujeto en la vida política, quien no está siempre listo para ello, en el derecho como en la vida intelectual, y de manera notoria en las ciencias sociales y la filosofía. Nos invita, más bien, a pensar mejor la violencia. Puesto que esta, desde el punto de vista de las víctimas, conlleva necesariamente una pérdida, un atentado a la integridad física, pero también puede desembocar en una subjetividad negada, arrasad, en la destrucción de los parámetros subjetivos en el marco de los cuales se mueve la persona, ella misma por tanto más o menos tocada por un sentimiento de despersonalización, de desintegración de la personalidad, de ruptura o de discontinuidad en la trayectoria personal, puesto que el haber sido víctima es resentir también, seguido un sentimiento de vergüenza, de

---

[73] Alain Renaut, *La libération des enfants. Contributions à une histoire philosophique de l'énfance*, París, Bayard, Calmann-Lévy, 2002, p. 317.

culpabilidad y toda suerte de problemas que puede más o menos durablemente invadir la existencia.

Las víctimas, su descendencia y sus cercanos, no manifiestan todos necesariamente las mismas demandas de reconocimiento. En algunos casos, habrían deseado ser reconocidos en la especificidad de su experiencia vivida, cualquiera que sea esta (individual o colectiva), habrían querido, por ejemplo, ser reconocidos como sobrevivientes de un genocidio. En otros casos, por lo contrario, exigirían que sea establecida su normalidad, la conformidad de sus vidas cuando hayan sido parte de un evento particularmente indeseado –este es el caso, por ejemplo, de la jovencita violada que quería ser integrada y no ser tratada con compasión para terminar siendo envilecida y mancillada–. La violencia disminuye y distingue a la vez a su víctima, que puede sufrir sobre dos registros, el de la inferiorización, y aquel de la diferenciación. Por lo consiguiente, los mecanismos por los que la joven puede estar esperanzada de encontrar su capacidad de subjetivación son complejos y múltiples, puesto que se deberá necesariamente tomar en cuenta esta doble dimensión. Empero, todos corresponden a la necesidad de que haya para ella la posibilidad de reconstituirse en sujeto.

Digámoslo claramente: la violencia, en innumerables formas, es la negación del sujeto; la emergencia de la víctima está ahí para significarla e invitar a nuestras sociedades a hacerle frente. El empuje poderoso del sujeto, a través del surgimiento de la víctima (pero también por supuesto, a través de numerosos otros fenómenos), ¿acaso no se inscribe necesariamente en la lógica que viene de ser descrita del debilitamiento de las instituciones, de lo político y del Estado? La experiencia muestra que al contrario, la violencia puede contribuir a un *aggiornamento* en el que los sistemas políticos internacionales, regionales (Europa, por ejemplo), nacionales y locales se reconstituyen con algunas políticas del sujeto singular, según la afortunada expresión de Robert Fraisse[74], un *aggiornamento* en el que también las instituciones se renuevan al centrarse, una vez más, en el rol de subjetivación, más que en el de socialización de los individuos; un *aggiornamento* en el que, finalmente,

---

[74] Robert Fraisse, "Pour une politique des sujets singuliers", en François Dubet y Michel Wieviorka (Coords.), *Penser le sujet. Autour d'Alain Touraine*, París, Fayard, 1997, pp. 551-564.

algunos derechos son acordados a las personas-víctimas, y no solamente una conmiseración más o menos convincente.

Lo vimos con los primeros movimientos de mujeres-víctima en los Estados Unidos, en los años setenta, que con frecuencia funcionaron en armonía con las diversas instituciones, al filo de una dialéctica que desbordó en importantes acciones prácticas. Del mismo modo, se constata que en Francia, desde los años ochenta, se desarrollan algunas dinámicas en las que las asociaciones de ayuda a las víctimas, y a veces incluso algunas asociaciones de víctimas, obtienen ciertos cambios considerables en la legislación o en el comportamiento de las autoridades públicas. Un caso espectacular es aquel de la asociación SOS Atentados, creada en 1986 bajo el impulso de François Rudetzki, una mujer que había sido herida en el momento de un atentado terrorista, y que había creado indignación para los pocos casos establecidos, en ese entonces, sobre víctimas en esas circunstancias. De modo que después, una ley creada (9 de septiembre 1986) preveía un fondo de garantía para indemnizar a las víctimas, incluido aquello que asegurará de inmediato: la carga psicológica de aquellas víctimas de algún atentado. Lo anterior muestra que la afirmación de las víctimas como sujeto puede ejercer un efecto sobre los responsables políticos y las instituciones, y ponerlas en posición ya no de retracción y de impotencia creciente, sino de adaptación y de cambio positivo. Es, por otro lado, un esquema que se encuentra frecuentemente cada vez que el Estado motiva a las asociaciones a desarrollarse, y practica una política fundada en la complementariedad de la acción pública, y aquella de un tejido asociativo con frecuencia poco costoso, que no sería más que en razón del carácter benevolente de las acciones. Entre los servicios públicos de ayuda a las víctimas, particularmente municipales, y las asociaciones especializadas, se constituyó en Francia, por ejemplo, un sistema denso y activo, cubriendo más o menos todo el territorio y ocupándose cada año de varias decenas de miles de casos[75]. Aquellos que por su profesión o su compromiso se encuentran en contacto directo con las víctimas como los médicos, policías, miembros de organizaciones humanitarias, etc., son aquellos que también se ven enfrentados a la negación del sujeto que ha significado la violencia, y pueden sacar provecho de medidas que van en el sentido que les concierne, en la dirección de una política del sujeto, particular-

[75] Renée Zauberman y Philippe Robert, *Op. cit*, p. 22.

mente bajo la forma de un apoyo psicológico. Lo que ahí, aún, puede ser factor de reinstitucionalización.

Esta constatación de dialécticas, que se instaura entre actores-víctimas e instituciones o políticas públicas a la escucha de sus exigencias, puede ser completada con un razonamiento en profundidad de aquello que la inspira: en este sentido, algunos cambios políticos o institucionales no se operan o lo hacen de manera insuficiente, en razón, precisamente, del silencio o de la frágil movilización de las víctimas concernidas. Se pueden dar dos ejemplos, en dominios fuertemente alejados. El primero es aquel de los accidentes de las carreteras, particularmente mortíferos en Francia (cerca de ocho mil muertes para el año del 2011): su número se habría, ciertamente, reducido antes del 2013 si las familias de las víctimas, o sus allegados habrían sido capaces de una fuerte movilización, imponiendo un debate, algunas medidas, una sensibilidad de la opinión pública y algunas modificaciones de comportamientos. El segundo ejemplo es de orden histórico. Si nuestras concepciones de la historia cambian, en efecto, es por las acciones de las víctimas, o de sus descendientes, cuando estos obligan a la historia a abrirse a su memoria. De este modo, en Francia, la historia de la Segunda Guerra Mundial, y en particular aquella del régimen de Vichy, debe mucho a la acción de los judíos que desembocó en considerables reevaluaciones con respecto a lo que de hecho se dijo en los años cincuenta y sesenta.

Del mismo modo, si Francia reconoce oficialmente el genocidio armenio de 1915, es porque las comunidades armenias se movilizaron activamente para obtenerlo. Por el contrario, la guerra de Argelia permanece aún un sujeto doloroso, mal tratado, en razón de la aparente fragmentación y de las pasiones que caracterizan a sus "víctimas": ya sea que se trate de descendientes de argelinos que apoyaron al FLN, o que se rehusaron, todos querían la independencia de su país, para que finalmente terminaran viviendo en Francia. Nos referimos a los hijos de los *harkis*, los conocidos "pied-noirs", que se sentían incómodos o no suficientemente reconocidos, los soldados del contingente en los años de guerra, etc. Las simbolizaciones, todas ellas, de las memorias, aquí no son solamente dolorosas, sino también demasiado contradictorias como para poder sopesarlas fuertemente en el mismo sentido de la historia.

De este modo, la temática de las víctimas abre la vía a una temática del sujeto. Falta aún examinar con prudencia esta apertura, que no va de sí.

c. Los peligros del "victimismo"

Ser sujeto, en efecto, no es solamente salvar su pellejo, su cuerpo, su vida, personal o colectiva, su ser físico y moral. Es también construir su experiencia personal, controlar sus elecciones, hacer valer su capacidad de innovar e inventar algunas formas de expresión cultural. Ahora bien, como lo subraya muy claramente Paul Gilroy[76], la víctima como tal no aparece bajo este ángulo. Su identidad es de alguna manera negativa, pues no corresponde más que a la mitad del sujeto, no nos dice nada de la identidad positiva. La víctima se define por lo que se le ha privado, por lo que se le ha destruido, por su pérdida. Es por ello que la invasión del escenario público por medio de las "víctimas" puede dar la imagen de tensiones que atraen el debate hacia el pasado y su reconocimiento sin ayudar necesariamente a construir nuevos envites, nuevas relaciones –salvo, como se ha dicho con respecto a Argentina y las "locas" de la Plaza de Mayo, pensar en nombre de las víctimas del pasado para que el futuro sea diferente, para que algunas políticas públicas o algunos acuerdos internacionales hagan en el futuro imposible o al menos más difícil lo que pudo haber sido posible ayer–. Un notable artículo de Jean-Paul Ngoiupandé[77], quien fue primer ministro de la República Centroafricana, nos ofrece de esta idea una fuerte expresión. Él explica, que "durante siglos de la trata de negros, los africanos eran sin duda víctimas". Pero en la actualidad, "nosotros (los africanos) somos nosotros mismos los principales perpetradores de nuestro presente y de nuestro fututo". Afirma, también, con fuerza que es tiempo de dejar de ponernos como víctimas, "nosotros somos los principales culpables" de la descomposición de los Estados, de la inseguridad, de la amplitud de la tragedia del Sida o de la corrupción endémica. La temática de las víctimas no sirve a nada, según él, más que a hacer el juego de las lógicas de autodestrucción; ser víctima es encerrar en la impotencia el lugar de construirse en actores.

---

[76] Paul Gilroy, *There ain't no Black in the Union Jack*. Londrés, Hutchinson, 1987.

[77] Jean-Paul Nigoupandé, "L'Afrique suicidaire", en *Le Monde*, 18 de mayo 2002.

De manera más general, una tendencia reciente, en el debate intelectual y político, consiste en denunciar los excesos de lo que Pascal Bruckner ha llamado la "victimización", y lo que Élilsabeth Badinter, en una perspectiva muy cercana, calificó de "victimismo": ¿acaso el individualismo moderno no desemboca en una "enfermedad", es decir, en una pendiente sistemática de los individuos y algunos grupos que se "piensan bajo el modelo de los pueblos perseguidos"? "Nadie quiere verse como responsable, cada uno aspira a pasar por un infortunado, incluso si no ha tenido que pasar por alguna experiencia específica desafortunada". Lo que para Bruckner es algo "escandaloso", porque termina en usurpar "el lugar de los desheredados"[78]. El surgimiento de las víctimas habría desembocado en abusos masivos, sobre la incapacidad de reconocer la responsabilidad de cada uno en su propia existencia, sobre la confusión y la amalgama —en donde todo el mundo es víctima, nadie es culpable, puesto que cuando se es culpable, esto sería porque uno ha sido en sí mismo víctima—. Algunas corrientes del feminismo, habiendo elegido definir a las mujeres en prioridad como víctimas, constituirían un caso extremo de esta perversión, criticada mordazmente por Élisabeth Badinter[79].

Este tipo de reflexiones, que buscan enfrentarse a los abusos y los excesos del "victimismo" y no a la figura concreta de las "verdaderas" víctimas, son bastante aceptables. Puesto que no arruinan en nada la idea central presentada en este texto, que ve en el surgimiento de las víctimas una invitación a pensar la violencia no solamente a partir de su autor, y de su propia subjetividad (perdida, negada, instrumentalizada: regresaremos a ello), sino también a partir de la subjetividad de aquello que alcanza y afecta. Desde entonces, se hace claro que la salida de la violencia no puede satisfacer al simple reconocimiento e, incluso, a la reparación de errores y daños que haya causado. La violencia no es posible más que a partir del momento donde las víctimas en sí mismas o bien se transforman en sujetos constructivos, en actores capaces de no reducirse a su identidad negativa, a su pérdida, o bien actúen para crear las condiciones que permitan a otros constituirse plenamente en sujetos y en actores.

[78] Pascal Bruckner, *La tentation de l'innocence*, París, Grasset, 1999, pp. 14-17.
[79] Élisabeth Badinter, *op., cit.*

Es necesario, una vez más en este libro, reconocer la novedad histórica que aporta un fenómeno importante, en este caso la fuerte presencia actual de la figura de la víctima en el espacio púbico, y medir así su impacto y sacar de ahí las lecciones sociológicas para la comprensión de los fenómenos de violencia. Por otro lado, esta presencia carga una exigencia de justicia, que sin ella corre el riesgo de no ser satisfecha, o serlo de manera insuficiente, pues implica un reconocimiento del sufrimiento vivido y sufrido que antes los tribunales tendían a ocultar o minimizar. Tiene un peso en un sentido favorable para una justicia, incluido trans-supra o internacional, capaz, claramente si se trata de crímenes contra la humanidad, de superar el relativismo de los valores propio a cada sociedad o cultura. Lo que expresa muy bien Mireille Delmas-Marty cuando se interroga sobre la posibilidad de fundar en Derecho la noción de crimen contra la humanidad, ella dice preguntarse "si no es del lado de las víctimas que hay que voltear para buscar los valores comunes a pesar de las civilizaciones diferentes, véase opuestas. Incluso en el país donde la violación o la tortura no son incriminados como tales, ni sancionados penalmente, se puede pensar que las víctimas deben sentirse, sin embargo, humilladas, abofeteadas en su dignidad de seres humanos"[80]. Además, la presencia de la víctima obliga a la historia oficial a abrirse y a transformarse, pues pone a mal las versiones convenidas que ignoran ciertos hechos, con frecuencia porque se trata de privilegiar el único punto de vista de los vencedores y de los dominantes. Esta presencia motiva a los responsables políticos no solamente a reconocer los errores del pasado en el seno de las sociedades de las que se hacen cargo, sino también a tender cuenta de ello para mejor evitar en el futuro la injusticia, los crímenes colectivos o ciertas formas de barbarie. Finalmente, la víctima puede entamar un proceso de reconstrucción de sí misma más fácilmente, considerada como tal, que cuando no existe ningún espacio para su reconocimiento.

Empero, por otro lado, la presencia pública de las víctimas puede suscitar o alimentar terribles abusos. Puesto que cada vez que ella invade un dominio es susceptible también de pervertirlo. Las víctimas, o sus

---

[80] Mirelle Delmas-Marty, "Les crimes internationaux peuvent-ils contribuer au débat entre universalisme et relativsme des valeurs?", en Antonio Cassese y Mireille Delmas-Marty (coords.), *Crimes internationaux et juridictions internatinales. Valeurs, politique et droit*, París, PUF, 2002, p. 65.

allegados, pueden tener peso en la justicia para obligarla a resolver en función de sus convicciones y no a partir de una demostración rigurosa, ahora bien el drama y sus sufrimientos, si acaso esclarecen el crimen sufrido, no es suficiente necesariamente para establecer la verdad, y pueden incluso obscurecerla, véase pesar de manera falaz sobre jueces o algunos jurados, directamente o por el intermediario de los medios de comunicación masivos siempre listos a activar y buscar la emoción amarillista. Las víctimas pueden ejercer presión sobre la historia, no para enriquecerla o rectificarla, sino, por lo contrario, para impedirle formular ciertos cuestionamientos, o darle significados a ciertos límites, convocar entonces a los historiadores, apoyándose en ello sobre la inmensa legitimidad que aporta la barbarie sufrida. Rechazar la interpretación que ofrece la descendencia de las víctimas de tal o cual masacre masiva, por ejemplo, exigir que sea aplicada tal categorización más que otra, esto es exponerse, para un historiador, a terribles y a veces violentas acusaciones, como se ha podido constatar con Bernard Lewis o Gilles Veinstein cuando no cuestionaron la realidad de las masacres masivas o algunos crímenes colectivos sufridos por los armenios en 1915, sino que criticaron el empleo del término genocidio para calificar el drama.

Las víctimas pueden contribuir al desamparo de lo político y al debilitamiento del Estado, a desequilibrar el debate político en el sentido de las emociones, y no en aquel sentido del análisis racional de los hechos. Además, su intervención en la vida pública corre el riesgo de disolver las fronteras entre registros, no solamente entre vida privada y vida pública, sino también entre vida jurídica y vida política, por ejemplo, cuando el punto de vista de las víctimas transforma un proceso en operación política. El caso del proceso de Eichmann (criminal nazi educado en Argentina por los servicios especiales israelíes para ser juzgado en Israel) es aquí edificante: pues el procurador, al privilegiar el discurso y la presencia de las víctimas, y no los documentos, al hacer del tribunal un verdadero teatro, quiso tocar el corazón de los israelíes, y contribuir a reforzar la integración nacional, al tiempo que tejía algunos lazos más poderosos entre Israel y la diáspora. El peso de las víctimas –Annette Wieviorka habla de "testigos", pero lo que dice de ello reagrupa en muchos aspectos nuestras propias observaciones sobre las víctimas[81]– hace de estos procesos un momento en donde la justicia, la política y la his-

[81] Annette Wieviorka, *L'ère du témoin*, París Plon, 1998.

toria se mezclan, se confunden y finalmente se interfieren unas a otras. En fin, la víctima reconocida como tal, por poco que se encierre en la parte de ella que corresponde a la destrucción o a la negatividad, corre el riesgo de ser incapaz de proyectarse hacia el futuro, de construirse o reconstruirse como sujeto, ya sea en razón de su propia iniciativa, por falta de recursos o de redes, o por efecto de la mirada portada sobre ella por parte de la sociedad o los medios de comunicación, Un movimiento social o cultural que se encierra en una representación "victimista" de sí mismo y los actores de la historia reducen su experiencia histórica a un relato "lacrimal" (según la palabra del historiador Salo Baron), tendiendo a girar en círculos, a no construir nada, y a no poderse proyectar más que en el pasado.

Hemos entrado en la era de las víctimas, y debemos evitar distanciar su punto de vista, al tiempo de no hacer de ello el alfa y omega de toda consideración política, jurídica, o intelectual. Las víctimas forman parte de nuestra vida colectiva, ellas pueden, por tanto, ayudarnos, e incluso motivarnos a comprender mejor la violencia que ellas han sufrido. Empero, debemos también saber que pueden volverse factor de obnubilación y de incomprensión.

CAPÍTULO 4
Violencia y medios de comunicación

La idea de una relación entre la violencia y los medios de comunicación no es nueva. Desde el siglo XIX, por ejemplo, algunos criminales tuvieron como motivación explícita de sus actos el que se hablara de ellos en la prensa. Y, en un registro totalmente distinto, es evidente que el papel desempeñado por los medios en la propaganda y la contra-propaganda a partir la Primera Guerra Mundial fue decisivo para movilizar a los combatientes. De esta manera, Albert Einstein, en la carta de 1932 que abre su célebre correspondencia con Sigmund Freud sobre *¿Por qué la guerra?*, apunta a que las "psicosis de odio y de destrucción" se posesionan hasta de los hombres más inteligentes, y precisa que la inteligencia se deja fuerte y completamente influenciar por "el papel impreso"[1].

Sin embargo, los años sesenta marcan, una vez más, un punto de inflexión en la materia, ya que la cuestión se convierte en ese momento objeto de debates densos y abundantes, de polémicas, así como de políticas públicas. Los medios de comunicación, percibidos a partir de entonces como actores autónomos que forman eventualmente un sistema, son mucho más que antes susceptibles de ser interpelados a propósito de lo que cimienta su propia existencia, y también de ser criticados a causa de las consecuencias de su manera de funcionar o en razón de que es posible imputarles ciertos fenómenos considerados preocupantes. Tal cambio de escala de su cuestionamiento nos remite igualmente a la importancia creciente de la televisión, que era ya muy destacada en la vida cotidiana de los Estados Unidos a partir de los años cuarenta y que se fue implantando masivamente en los países del Este y en Europa occidental.

En un primer tiempo, los medios, o algunos de entre ellos, esencialmente los audiovisuales, fueron así pues criticados recurriendo a razo-

---

[1] Albert Einstein/Sigmund Freud, *Pourquoi la guerre ?,* Institut de coopération intellectuelle, Société des Nations, 1953, p. 18.

namientos que buscaban, de una manera o de otra, establecer una relación de causalidad entre su práctica y tal o cual expresión de violencia. ¿No son ellos, los culpables, por lo menos parcialmente responsables del terrorismo, de ciertos crímenes, y de la agresividad de la juventud, etc.? Y si no causan la violencia, ¿no influyen sobre su intensidad, sus formas, sus modalidades de aparición?, ¿no contribuyen a darle forma y a diseñar su catálogo?

Ese tipo de crítica no ha desaparecido, al contrario, se ha intensificado, vehiculada a veces por una denuncia ampliada de los medios de comunicación, acusados entonces, si no de constituir nuevos poderes autónomos ("el cuarto poder"), por lo menos de estar al servicio de poderes económicos o políticos en general, y de constituir aparatos ideológicos que garantizan la reproducción de la dominación social o de activar una violencia simbólica que garantiza la alienación de aquellos que, siendo dominados, no dispondrían ni siquiera de los parámetros que les permitieran pensar la opresión a la que son sometidos. Pero mientras más se vuelve necesario hacer que los medios intervengan en todo análisis de la violencia contemporánea, menos es posible satisfacerse con los razonamientos que buscan en prioridad hacerlos responsables de dicha violencia.

1. Terrorismo y medios de comunicación

El terrorismo internacional tampoco es una novedad. Pero está claro que este fenómeno entró en un nuevo periodo con la piratería aérea hacia Cuba y sobre todo con los primeros secuestros de aviones efectuados en 1968 por el Frente Popular para la Liberación de Palestina (FPLP). Después vendrán otros intentos de piratería aérea, y la masacre de los atletas israelíes en Múnich (1972), y luego muchas más expresiones extremas de actores radicalizados que hablaban en nombre de la conciencia nacional palestina.

a. ¿Una relación simbiótica?

Con el declive de los movimientos de 1968, el auge de la extrema izquierda y las derivas terroristas, se crea un clima que desarrolla una tesis según la cual existe un vínculo "simbiótico" entre el terrorismo y los medios de comunicación. Existiría, explican varios especialistas[2], un interés recíproco entre ellos, ya que los terroristas adquieren, particularmente con la televisión, una audiencia instantánea que multiplica considerablemente el impacto de sus actos y, simétricamente, estos generan un espectáculo que satisface eficazmente a la audiencia de los medios, proporcionándoles los mejores ingredientes: muertos, emoción, imágenes de destrucción, entrelazando política y sensacionalismo.

Esta tesis genera un eco que se amplifica aún más al subrayar la novedad de dicha ola terrorista que, contrariamente a las formas anteriores del fenómeno, actúa en el plano internacional y aparentemente obtiene grandes ventajas de estos medios de comunicación que no existían antes. Sustancialmente, la idea de una relación simbiótica implica a una suerte de expectativa de una demanda, para la cual el terrorismo aportaría una respuesta ideal: los telespectadores anhelarían desde sus sillones ese tipo de emoción aunque esta fuera inconfesable. Existiría, así pues, en el "pacto diabólico" entre el terrorismo y los medios, una dimensión cultural, una apetencia, un deseo de que el primero logre que los segundos la satisfagan, con gran razón, Yves Michaud habla, a propósito de las imágenes de violencia en general, de "la complicidad de nuestra curiosidad, de nuestro interés mórbido y malsano por la pornografía del desastre, así como de nuestra necesidad de entretenimiento y evasión aun siendo estos macabros y detestables[3]".

La tesis que generaliza el principio de una relación instrumental entre terroristas y medios al encontrar cada cual un interés en la existencia del otro, es atractiva. Pero no sostiene algún análisis de fuerza. En primer lugar, como lo muestra una investigación realizada a mitad de los años 80, porque resulta que esta relación no es unívoca, sino que se manifiesta de distintos modos[4]. Así pues, adoptando únicamente el punto de vista de los actores terroristas en sus relaciones con los medios de comunicación de las sociedades democráticas, se pueden distinguir cuatro posibilidades: *la indiferencia total*, pura y simple, según la cual

[2] Entre las obras más coherentes que sostienen esta tesis, *cf.* Friedrich Hacker, *Terror. Mythos, Realität, Analyse*. Rowohlt, Reinbek 1975 (traducción francesa, *Terreur et terrorisme*, Paris, Flammarion, 1976.

[3] Yves Michaud, *Changements dans la violence. Essai sur la bienveillance universelle et la peur*, Paris, Odile Jacob, 2002, p. 101.

[4] Michel Wieviorka, Dominique Wolton, *Terrorisme à la Une. Media, terrorisme et démocratie*, Paris, Gallimard, 1987.

los terroristas no se preocupan absolutamente de la cobertura mediática de sus actos; *la indiferencia relativa,* ya que no tratan de acceder a los medios por medio de acciones espectaculares aunque no excluyen una forma de comunicación, por ejemplo, a través de una prensa abierta a ellos; *las estrategias mediáticas,* por medio de las cuales los terroristas anticipan el funcionamiento de los medios y tratan de utilizarlos al máximo; *la ruptura,* cuando los medios son considerados como enemigos, al mismo nivel que otros actores, y que los terroristas tratan de silenciar o, en todo caso, de cuestionar su neutralidad y su independencia intimidándolos al ejercer sobre ellos una fuerte presión, lo que anula todo concepto de intereses recíprocos.

Por otra parte, los instigadores más decisivos de la tesis de un espectáculo mediático del terrorismo no funcionan necesariamente de acuerdo a un esquema de tipo "relación simbiótica", y un análisis constatará que hay que distinguir diferentes posibilidades: en ciertas circunstancias, los terroristas llevan la iniciativa, en otras la llevan los periodistas, los cuales se convierten eventualmente en los artífices del acontecimiento que exhibirán después, llegando hasta a pagarles a actores; en muchas otras circunstancias, la amplificación mediática surge ante todo de terceros (magistrados, políticos, policías, etc.) que surten a los medios; si no de imágenes espectaculares, por lo menos con elementos de información que suscitan o reavivan el interés del público.

b. La producción del terrorismo

Las imágenes del terrorismo, las informaciones que de este se dan, son una producción que moviliza toda clase de actores, unos dentro del sistema de los medios de comunicación, otros al exterior. En el interior, los periodistas efectúan un trabajo que, aun si parece limitarse a transcribir tal cual el acontecimiento, corresponde siempre en realidad a una multitud de tareas y actividades. Unos están presentes en el campo de la acción o en contacto con las fuentes cercanas de los acontecimientos, colocan sus cámaras, sus micrófonos o simplemente ellos mismos se colocan en uno u otro punto de observación; redactan o aportan los elementos que permitirán preparar "el artículo", en pocas palabras, están lo más cerca posible de las fuentes de la información. Ellos mismos o sus colegas analizan, califican los acontecimientos, confrontan las diversas fuentes, completan la información por medio de reuniones internas, encuentros externos, seleccionan las imágenes disponibles, van eventualmente a buscar otras en los archivos o en la documentación. Los responsables de la redacción tienen entonces que decidir el lugar acordado a la información en la jerarquía de las noticias y la sección correspondiente (¿internacional?, ¿justicia?, ¿información general?), dar su opinión acerca de la selección de imágenes, decidir si habría que recurrir a un experto, a un responsable político, a un militar, para ampliar la información. La redacción, además, puede tener, o no, una política general de vigilancia, a pesar de que el terrorismo surge de manera imprevisible, pidiendo que tal o cual expediente sea supervisado sistemáticamente por un periodista determinado; habrá, o no, pensado de qué manera debe de comportarse ante las eventuales exigencias de los terroristas, así como las de las autoridades políticas, militares, policiacas o judiciales. El comunicado de agencia de prensa, el artículo de periódico, el flash en la radio o las noticias televisadas se vuelven rápidamente producciones complejas que movilizan incluso a numerosos actores ajenos al mundo de los medios de comunicación. Magistrados, responsables políticos, abogados, policías y, menos frecuentemente, militares o diplomáticos, informadores, testigos, personalidades competentes, que se movilizan espontáneamente o son solicitados, víctimas y sus allegados, terroristas y sus allegados, aquellos que tratan de comunicar informaciones sobre sí mismos, intelectuales, etc., en suma, son numerosos aquellos que influyen en lo que se dice en los medios, con toda especie de riesgo de perversión. Unos manipulan, otros no quieren decir todo. Algunos presentan como certezas, descaradamente, hipótesis imposibles de verificar, otros piden que se acallen ciertos aspectos del problema. No a todos los que participan en la producción de la información sobre el terrorismo les conviene o sienten la obligación de que sea lo más completa y objetiva posible; sus relaciones respecto a la verdad y al secreto, a la "razón de Estado" y a la ética, a la opinión pública y a los poderes, son muy variables. Además, su relación respecto al tiempo no está necesariamente en sintonía con la de los medios de comunicación, quienes se encuentran bajo la presión de la avasallante actualidad; cada cual tiene su propia agenda, su ritmo. Por último, la producción del terrorismo, bajo la forma de material informativo, está condicionada por factores que se agregan al juego de los actores ya evocados, y los más decisivos de estos centran su atención en la manera en que el poder señalado se comporta, si controla o no la situación, si entra en crisis o encuentra la forma de enfrentarla, si trata de poner a los medios en sordina o, hasta en ciertos casos, de silenciarlos completamente.

La información sobre el terrorismo es el resultado de un conjunto de actividades que constituyen el grueso conjunto de las mediaciones, que de ninguna manera es reducible a un acuerdo espontáneo que postule intereses recíprocos y una especia de intercambio de favores casi automático entre terroristas y medios de comunicación. Por eso no es aceptable decir que los medios son responsables del terrorismo, que corresponden a una oferta de violencia cuya demanda ellos crean, ni siquiera decir que ellos simplemente son una fuente de sus efectos más devastadores, empezando por la amplificación que le proporcionan. Aun sin medios de comunicación, el terrorismo puede ser muy eficaz, y no justifican las etapas de formación de los actores terroristas, su aparición, sus anhelos políticos. A lo sumo pueden entrar, en uno u otro momento, dentro de determinados cálculos estratégicos o tácticos.

Es cierto que aquello que llamamos terrorismo, o el acontecimiento terrorista, es lo que los medios de comunicación nos muestran. Sin embargo, por más serio que sea el trabajo de los periodistas, es difícil hablar aquí de objetividad, ya que las representaciones puestas a disposición del público por los medios resultan forzosamente desfasadas en relación al fenómeno propiamente dicho. Es por esto que la competencia es tan importante, como lo vimos en el momento de los atentados del 11 de septiembre de 2001 y posteriormente: las imágenes propuestas por la emisora qatarí Al-Dyazira aportaron un contrapeso a las de las emisoras norteamericanas, dominadas por CNN y más recientemente por Fox News.

En lo correspondiente al terrorismo, lo que los medios de comunicación difunden está tramado por ellos, claro que a partir de hechos reales, pero seleccionados, presentados bajo un ángulo particular, simplificados, contaminados por la inevitable imprecisión y el exceso para dramatizar mejor la información, y también por las lagunas y el déficit más o menos intencionales –no se nos muestran casi nunca en la televisión imágenes de horror crudo, y no fue por casualidad que no vimos ningún cadáver o resto humano de las aproximadamente tres mil víctimas de los atentados del 11 de septiembre de 2001 en Washington y en Nueva York. Los medios, recalca Yves Michaud, no exhiben la violencia con crudeza, horror, obscenidad, lo que la emparentaría en muchos aspectos con la pornografía, sino bajo la forma de un espectáculo correcto, estandarizado, estilizado, "no encontramos de un lado la violencia y del otro los medios de comunicación, sino la violencia tal y como los medios la muestran"[5], en pocas palabras, "cuando la falsificación o la desinformación no son las culpables, lo es la estilización, el envoltorio estético del celofán"[6].

Y no únicamente la violencia mediatizada debe ser considerada como una representación, sino que también su percepción por el público está sujeta a procesos, interpretaciones, transformaciones, que dependen además de numerosas mediaciones. De una cultura nacional a otra percibimos y apreciamos distintamente los acontecimientos, los fenómenos históricos, la fraseología, los personajes, como lo mostró un estudio de referencia que compara la manera de apreciar en distintos países los personajes de la serie norteamericana *Dallas*[7]. Aquello que es válido a la escala de vastas comunidades también es válido a la de conjuntos más limitados: la manera como un individuo percibe en un momento dado imágenes televisivas de violencia depende de su entorno familiar, de su trayectoria personal y, frecuentemente, de un contexto preciso: si está comiendo y oye distraídamente las noticias en la televisión, si, al contrario, decide escuchar atentamente las noticias, si está solo o acompañado. Además, nos forjamos nuestras ideas no directamente a partir de lo que dicen los medios de comunicación sino también a lo largo de nuestras discusiones, a través del filtro que constituyen los *"gate keepers"*, los "hacedores de opinión", cuya importancia hace mucho tiempo demostró Paul Lazarsfeld, en nuestras orientaciones políticas, de nuestras ideologías, de nuestros prejuicios, de nuestras opiniones que, frecuentemente, los medios, en lugar de modificar, más bien refuerzan.

Así pues, entre el hecho terrorista bruto y lo que cada uno percibe de este, la distancia no es en absoluto insignificante. Lo que nos lleva a recalcar la idea y hasta el principio de una distinción entre la objetividad de la violencia y su subjetividad.

[5] *Idem,* p. 95.

[6] *Idem,* p. 100.

[7] Tamar Liebes, Elihu Kats, *The Export of Meaning, Cross-Cultural Readings of Dallas,* New York-Oxford, Oxford University Press, 1990.

2. Objetividad y subjetividad de la violencia

El terrorismo no es aquí más que un ejemplo, pero es ciertamente uno que, a partir de los debates iniciados durante los efervescentes años sesenta, nos ayuda a aceptar mejor ese principio, el cual se encuentra en el corazón de la modernidad contemporánea, y cuyo alcance general va mucho más allá de las cuestiones relacionadas con la violencia.

Traduce, en efecto, la tensión considerable, que nunca es uno solo de los aspectos de la gran ruptura que caracteriza la época moderna, entre universalismo y relativismo. Mientras más consideramos que la violencia es lo que percibimos como tal a través de los medios de comunicación y otras mediaciones, más reconocemos que esta percepción varía en el espacio y en el tiempo, de un individuo o de un grupo a otro, y de un periodo a otro, más, dicho de otro modo, tomamos en cuenta la subjetividad de las personas singulares y el particularismo de las culturas, y también más nos situamos del lado del relativismo. Pero la violencia no es reducible a la idea de representaciones o de normas que fijan su definición dentro de un marco necesariamente relativo, en un momento dado, para un conjunto delimitado de personas. Es también, es primero que nada, una agresión muy real a la integridad física y moral de sus víctimas, es un fenómeno tangible que afecta a personas asesinadas, heridas, negadas, lastimadas o destruidas, a sus bienes vandalizados o robados, y, sea cual fuere la cultura o la personalidad del observador, constituye un fenómeno que cada cual puede percibir y que pertenece entonces a lo universal.

Mientras más tratamos de proponer una definición objetiva de la violencia, más nos situamos del lado del universalismo. Esta perspectiva puede apreciarse como un empeño para elaborar herramientas cuantitativas reconocidas por todos y que permiten constituir estadísticas. También puede inscribirse dentro de un razonamiento, más filosófico, con el fin de definir criterios comunes de definición de la violencia, o de algunas de sus modalidades, que sean susceptibles de poseer una validez supranacional. Es así que, por ejemplo, los juristas, para dar un sentido preciso y universal a términos como "genocidio" o "tortura", pueden proponer fórmulas, como en el caso del Tribunal Penal Internacional para la ex-Yugoslavia que definía jurídicamente los crímenes contra la humanidad señalando que "a diferencia del derecho común, el objeto del crimen ya no es únicamente la integridad física de la víctima, sino la humanidad en su conjunto" y agregando que "tales crímenes trascienden más allá del individuo, ya que al agredir al hombre agreden a la humanidad entera"[8].

Si universalismo y deseo de objetividad van juntos, también el relativismo y el deseo de reconocer la subjetividad de las personas. A partir de entonces, lo difícil para quien quiere reflexionar sobre la violencia está en la puesta en relación de los dos registros. ¿Hay que ratificar su disociación, ver en esta dificultad una imposibilidad, o tratar más bien de articularlos? El planteamiento no es solo teórico, puede hasta volverse fácilmente concreto. ¿Cómo, por ejemplo, conjugar el punto de vista de los investigadores en ciencias sociales, que piensan que, objetivamente, los dibujos animados son muy violentos, y los resultados de encuestas de opinión que indican que para el público no es así?[9] Y, por otra parte, ¿estamos seguros de que los investigadores y sus análisis de contenido se encuentran verdadera, exclusiva y enteramente del lado de la objetividad?

Un universalismo extremo, abstracto, asociado a un objetivismo absoluto, aborda la violencia sin tomar en cuenta la subjetividad de los actores, ya sean los protagonistas y sus víctimas, aquellos que la reportan, observadores, periodistas, o hasta el público. Ignora la experiencia vivida por unos y otros sin tomar en cuenta las condiciones históricas o el contexto donde surge la violencia. Busca apoyarse en datos cifrados. Un relativismo sin concesión termina por hacer el análisis imposible, ya que postula a propósito de toda experiencia que esta no puede ser entendida más que según los criterios de aquellos que la viven o la tratan; de esta manera, la violencia nunca es más que aquello de lo que se habla o se puede decir de ella, cosa que cualquier otra persona puede con toda legitimidad tanto aceptar como refutar.

En materia de violencia, un enfoque objetivo siempre puede ser rebatido y hasta fuertemente puesto en tela de juicio. De esta manera, las estadísticas disponibles a propósito de la delincuencia en un país, informan sin duda sobre el fenómeno. Pero la sospecha siempre puede aparecer: ¿acaso no informan también, lo cual interfiere en la comprensión, sobre la actividad de aquellos que las producen, organismos de

---

[8] *Cf.* Mireille Delmas-Marty, *op. cit.* p. 63.

[9] *Cf.* W James Potter, *On Media Violence,* Londres, Thousand Oaks, Sage, 1999, p. 76.

justicia o de policía, y sobre la ideología de aquellos que elaboraron sus categorías dentro del seno de la administración? Simétricamente, un punto de vista estrictamente relativista no permite la comparación, en el espacio y en el tiempo, y hasta toda conceptualización de la violencia.

La separación radical de los dos registros es así pues inaceptable para quien quiere evitar a la vez la universalidad de los enfoques que se basan sobre la pseudo-objetividad de los "hechos" cuya producción social es ocultada, así como los atolladeros del relativismo puro. Pero, ¿cómo habrá que pensar su articulación? No es suficiente considerar, de manera lineal, que existen "hechos", "realidades" que tuercen diversos elementos, comenzando por su tratamiento mediático, y que mientras más compleja y larga es la cadena de los intermediarios, más crece la distancia entre la objetividad y la subjetividad. Este razonamiento ignora otros factores de distanciamiento, el peso de los prejuicios, la incapacidad de escuchar o comprender una realidad inaceptable, por ejemplo. Hace que la carga de la reflexión sea soportada, en definitiva, únicamente por los responsables de eventuales distorsiones, dejando de lado a los autores de la violencia o de los hechos. Una respuesta a ese problema –que hay que reconocer que no es intelectualmente muy brillante– sería el no circunscribir la reflexión ni de un lado ni de otro, y siempre tratar de cruzar las miradas o la perspectiva, introducir el punto de vista de la subjetividad y del relativismo cuando domine el discurso de la objetividad, y viceversa.

Puede suceder que, en la vida pública, la distancia entre los dos puntos de vista aumente hasta volverse inmensa, o que al contrario se reduzca hasta parecer desvanecerse. El primer caso puede ser ilustrado por el silencio que cubre ciertas violencias padecidas, en este caso solo las víctimas y sus allegados tratarán, eventualmente, de hablar: de esta manera desaparece la objetividad de los hechos, estos mismos hechos son borrados del espacio público, orillando a las víctimas hacia una doble sensación de abandono. Así fue al final de la Segunda Guerra mundial, cuando los supervivientes judíos de los campos de exterminio, que deseaban en su mayoría expresarse, decir lo que había sido su calvario específico, en su calidad de judíos, se enfrentaron en Francia a un muro, si no de indiferencia, por lo menos de silencio, que no comenzó a ceder más que en los años setenta[10].

[10] *Cf.* Annette Wieviorka, *Déportation et génocide. Entre la mémoire et l'oubli.* Paris. Plon, 1992.

124

Contrariamente, un ejemplo de la reducción de la distancia que parece separar los hechos de sus representaciones se encuentra en la evolución, en Francia, del discurso de la izquierda frente a los desórdenes urbanos. Al principio de los años ochenta, en efecto, la izquierda se negaba a asociar el incremento de una fuerte sensación de inseguridad general al aumento de la delincuencia, tal y como lo consignaban los servicios de policía y de justicia. Más tarde, fue acercándose al punto de vista de la derecha, que postulaba una relación directa entre los hechos y el sentimiento de inseguridad. Hay que decir que entre tanto la presión política no había dejado de apremiar a la izquierda a través de las encuestas de opinión y de las campañas de prensa que la incitaban a escuchar a una población cada vez más inquieta; además, la definición de la violencia objetiva había cambiado y, a raíz de las investigaciones, principalmente, de Sebastian Roché y Hugues Lagrange[11], la noción de incivilidad se impuso –ahora bien, la sensación de inseguridad está abundantemente alimentada por esta forma modesta de violencia (insultos, actitudes amenazantes, pequeños vandalismos, escupitajos, etc.) que no tiene cabida en las estadísticas de la delincuencia. Al introducir el tema de la incivilidad en el debate público, la investigación en ciencias sociales hizo aparecer una fuente antes desconocida, y sin embargo objetiva, del sentimiento de inseguridad, enlazando lo que era constatado de lo que era sentido. Pero también es cierto que los mismos investigadores nunca dejaron de cuestionar las cifras oficiales de la delincuencia en Francia, explicando que si tendían al alza no era forzosamente a causa de un incremento del fenómeno sino también porque el trabajo de la policía había cambiado en los años noventa. De esta manera, la puesta en servicio de una policía de barrio (*police de proximité* en Francia) aportó un incentivo a aquellos que antes no declaraban los actos de delincuencia de que eran víctimas por ser ignorados por una policía efectivamente mucho más lejana.

---

[11] Sebastien Roché, *Insécurité et Liberté*, Paris, Seuil, 1994, Hugues Lagrange, *La Civilité à l'épreuve. Crime et sentiment d'insécurité*, Paris, PUF, 1995

3. La violencia de las imágenes

a. El nacimiento de un debate

En una carta publicada en el *New York Times* fechado el 12 de diciembre de 1963, un lector del periódico afirma que el asesinato del presidente Kennedy estuvo cimentado en "el método normal para desembarazarse de un oponente que enseñan innumerables programas de televisión. Esta tragedia es uno de los resultados de la corrupción de las mentes y de los corazones a causa de la violencia de la televisión comercial". Esta carta es citada en la introducción de un libro colectivo dirigido por Otto N. Larsen, uno de los libros que, al final de los años sesenta, inauguran en grande lo que desde entonces todavía sigue siendo un importante debate contemporáneo[12]. En la misma época, también en Estados Unidos, en el prefacio de un informe del "staff" de la Comisión nacional instaurada por el presidente Johnson para abordar en ese entonces "las causas y la prevención de la violencia"[13], el autor del prefacio, Paul L Briand Jr., señala que los medios de comunicación pretenden ejercer un impacto sobre el consumo y los comportamientos de compra: ¿por qué no lo ejercerían sobre los comportamientos de la violencia? Hasta aporta su respuesta a ese problema que comienza a agitar a la opinión pública: nos explica que de la misma manera que un maestro de párvulos debe ser formado, diplomado, incitado a recibir una formación continua, la televisión debería obligársela a seguir las mismas normas. Después de todo, agrega, es por medio de la televisión que los niños se enteran que una medicina calma el dolor, que un desodorante promueve la aceptación social… o que violencia es la vía más rápida y simple para resolver un problema. Critica también el hecho de que la televisión aplica un doble rasero. En efecto, los medios de comunicación exigen no ser censurados pero censuran, ya que pueden

[12] Otto N. Larsen(ed.), *Violence and the Mass Media*, Evanston and New York, Harper and Row, 1968. En la misma época, el informe de la "Task forcé on mass media and violence" de la *National Commission on the Causes and Prevention of Violence* reflexiona a propósito de la correlación entre las imágenes televisuales de violencia y los comportamientos de violencia, y anota que se trata de una cuestión discutida en los Estados Unidos desde 1954. Ya a finales de los años veinte investigadores norteamericanos evocaban una correlación entre delincuencia juvenil y frecuentación de los cines. *Cf.* Monique Dagnaud, *Médias et violence. L'état du débat*, Paris, La Documentation française, 2003.

[13] *A staff report to the National Commission on the Causes an Prevention of Violence*, prepared by Robert K Baker and Dr Sandra J Ball, 1969.

callarse a propósito del cáncer provocado por el tabaco, o de las muertes causadas por "coches asesinos".

De esta manera, desde los años sesenta, la televisión es el blanco de una crítica que la acusa esencialmente de orillar a algunas personas a la violencia, particularmente a los niños. De los Estados Unidos y Canadá, la discusión se extendió a todas las sociedades occidentales, aunque con un poco de retraso en Francia por una razón elemental: la televisión se desarrolló con retraso en este país y durante mucho tiempo estuvo bajo estricto control político en la forma de servicio público sin publicidad –ahora bien, como veremos más tarde, la crítica hace referencia a importantes aspectos de la economía de mercado.

A partir de sus primeras formulaciones, la crítica abre otro frente aparte del que introduce, más o menos al mismo tiempo, la idea sugerida más arriba de un interés recíproco entre el terrorismo y los medios de comunicación. En efecto, los reproches dirigidos contra la violencia de las imágenes no identifican el mal con un actor político, como es el caso con los terroristas, sino que las muestran como un fenómeno mucho más difuso. La televisión –ya que es de ella de lo que se trata– fomentaría la violencia mostrándola, poniéndola en escena de manera ficticia, o en las noticias y en documentos visuales, sería ella la principal responsable, mientras que en la crítica de la responsabilidad en cuanto al terrorismo se refiere, es este el que se encuentra en primer lugar y que simplemente concluye un pacto diabólico con ella. Anotemos de paso que el debate pareció desbocarse a propósito de la televisión, haciendo prácticamente de lado a la radio, cuyo papel merece sin embargo ser también examinado. Desde este punto de vista, Jean Hatzfeld, recordando cómo Radio Ruanda y Radio *Mille Collines* tuvieron una importancia determinante en el genocidio tutsi de 1994, cita con pertinencia a Serge Daney, gran referencia de la crítica cinematográfica y cronista en el periódico *Libération*. En la época de la guerra del Golfo (1991), en medio de las discusiones sobre la influencia de las imágenes en los acontecimientos, Daney afirmaba, llevando la contraria: "Sin embargo el radio es el medio de comunicación más peligroso, sin lugar a dudas. Posee un poder único, incomparable y temible en el momento en que el Estado o los organismos institucionales se derrumban. Se deshace de todo lo que puede atenuar o desviar el poder de la palabra (...) se introduce sin ningún pudor en la intimidad profunda de los individuos, en cualquier parte y en todo momento, sin dejar que el tiempo haga su trabajo, sin el distanciamiento crítico y necesario de la lectura del texto o de la imagen"[14]. Afirmación sin matices, y más bien parcial, pero que tiene el inmenso mérito de recordar la influencia del radio, generalmente olvidado en la crítica de los medios de comunicación, desplazado por la televisión, por un lado, y por la prensa por el otro.

b. Miles de estudios

En la actualidad, esta discusión parece esencial cuando se trata de seguir la inmensa literatura que la alimenta –las publicaciones que dan cuenta de estudios o investigaciones especializadas sobre ese tema, los artículos y los libros se cuentan por miles, sin hablar, en ciertos países, comenzando por los Estados Unidos, de las actividades de comisiones parlamentarias, o parecidas que se interesan en la cuestión. Desde la mitad de los años cincuenta, y acelerándose de manera impresionante a partir de la segunda mitad de los años sesenta, una gama impresionante de estudios, universitarios o no, encargados por asociaciones, poderes públicos, canales de televisión, o institutos ligados a ellos, etc., trata de cuantificar la violencia de los programas de televisión, lo que implica pasar por el ejercicio delicado de definir con precisión el fenómeno observado; de proponer indicadores de niveles de violencia; de medir el tiempo pasado ante la pantalla por tal o cual categoría de telespecta-dores, eventualmente durante un periodo prolongado; de apreciar cua-litativamente el contenido violento de ciertos programas y, por ejemplo, de analizar la manera como la violencia es o no reprobada (de esta manera, un estudio de la NTVS muestra que en el 73% de las escenas de violencia estudiadas, los autores de estas no eran castigados y que en casi la mitad de los casos el perjuicio de las víctimas era ignorado[15]). Otros estudios tratan, aquí también de mil y una maneras, de encontrar una relación entre las imágenes de violencia y la agresividad (en este caso identificada con la violencia), los comportamientos agresivos, las conductas criminales, las actitudes "antisociales": estudios experimen-tales en laboratorio, de tipo psicológico se hacen para medir la agresi-

---

[14] Citado por Jean Hatzfeld en *Une saison de machettes*. Paris, Seuil, 2003, p. 110.

[15] National Television Violence Study, *National Television Study. Executve Summary, 1994-1995* y *Scientific Papers 1994-1995,* Studio City (Cal.), Mediascope, 1996. Citado por James T Hamilton, *op. cit.*, p. 19.

vidad de los participantes antes y después de haber sido sometidos al visionado de imágenes de violencia, estudios estadísticos a partir de cuestionarios, observaciones, por ejemplo con niños que están más o menos expuestos en sus casas a programas de televisión con imágenes de violencia, midiendo la presión sanguínea, el estrés hormonal u otros efectos psicológicos consecutivos al visionado de un programa violento. En su conjunto, y como lo muestra una excelente síntesis establecida en 1990[16], estos estudios concluyen de manera positiva: hay efectivamente una relación, aun si es excesivo, según la mayor parte de los investigadores, decir que es directamente de causa a efecto inmediato. Algunos son extremamente prudentes, y distinguen por ejemplo entre los adultos, para quienes esta relación no existiría, y los jóvenes, quienes serían más vulnerables mientras más provinieran de medios populares y con mayor razón miserables, y llega a haber estudios francamente escépticos –sin mencionar aquellos, de hecho abandonados desde los años setenta, que trataron de mostrar un efecto positivo de las imágenes de violencia, reductoras de la agresividad por "catarsis"[17].

Pero el evaluar, los no actos de violencia, los no crímenes, los no actos delictivos en sí, pero medir más bien, en numerosos casos, actitudes más agresivas, declaraciones de intención (del tipo: disposición a aplicar choques eléctricos), estos estudios no aclaran precisamente el paso de la percepción de la imagen violenta al acto. Consideremos, por ejemplo, los experimentos que consisten en someter a un grupo de jóvenes a imágenes televisivas violentas y, paralelamente, a otro grupo a un espectáculo televisivo de variedades, para luego medir la agresividad de unos y otros: los resultados sugieren constantemente que los jóvenes del primer grupo muestran enseguida tendencias a la agresividad significativamente superiores a los del segundo. Pero estos estudios no muestran el crimen o la delincuencia, y si sugieren un punto importante, no es la idea de un vínculo directo entre las imágenes de violencia y la violencia: es el hecho de que al estimular una cierta agresividad, esta tendrá un impacto práctico si los jóvenes involucrados viven un vacío social y personal, sin mediaciones entre la televisión y sus comporta-

---

[16] Andrea Marinez, *La violence à la télévision : état des connaissances scientifiques,* Direction de la programmation télévisée du CRTC, Canadá, 1990.

[17] Se trata de la idea de que la exposición a la violencia televisiva reduciría la agresividad por un efecto catártico, una especie de purificación por la imagen.

mientos, entre la agresividad exacerbada y el eventual paso al acto violento. En un estudio en curso, conducido bajo nuestra responsabilidad, este fenómeno aparece claramente. Cuando los jóvenes de ascendencia magrebí inmigrante, en los barrios populares, no son encuadrados ni por la escuela, ni por alguna organización social, ni por un espacio cultural, si miran en la televisión imágenes extremas de violencia antijudía recibidas vía satélite de algún país árabe, podrá suceder que cometan actos en contra de judíos o que apedreen alguna sinagoga; cosa que será menos frecuente si están encuadrados por alguna organización social u otra que pueda desempeñar el papel de mediación entre las imágenes recibidas y su comportamiento. Es por esto que la idea de que la violencia de las imágenes es "tóxica" conduce no tanto a la afirmación de un vínculo directo e inmediato entre ellas y eventuales violencias cometidas sino, mucho más frecuentemente, a la afirmación de un impacto directo en la manera como se forman las personalidades de los jóvenes y sus visiones del mundo. De lo que aquí se trata, la mayor parte del tiempo, no es de postular que una película, una serie de televisión, acarrearían en un momento dado conductas violentas justificadas por una relación de causa a efecto, sino más bien de considerar una influencia difusa pero real, como si la violencia de las imágenes o el espectáculo televisivo en general modelaran la cultura, sobre todo la cultura de los jóvenes, y crearan, en el mejor de los casos, conductas propensas al paso al acto concreto. De esta manera, un estudio de la Universidad de Columbia en Nueva York, a partir del seguimiento durante diecisiete años de un panel de setecientos siete telespectadores, establece un vínculo entre el número de horas de consumo de televisión y las conductas violentas, sean cuales fueren los programas vistos[18]. ¿Pero este vínculo puede verdaderamente establecerse sin tomar en consideración el contenido de las imágenes? ¿No habría que considerar el hecho de que este incluye necesariamente un fuerte porcentaje de imágenes violentas?

Este debate presente de manera constante en la vida académica, pero desbordando frecuentemente sus límites, lo está también, pero de manera más intermitente, en la vida política y en los medios, con motivo de ciertos momentos políticos (por ejemplo la elección presidencial de 1996 en Estados Unidos, en la cual la violencia de las imágenes cons-

---

[18] *Cf.* Jeffrey G. Johnson y *al.* « Television Viewing and Aggressive Behavior During Adolescence and Adulthood », *Science,* vol 295, 29 March 2002, pp. 2468-2471.

tituyó un tema central) y cada vez que un acontecimiento lo reactiva –por ejemplo, el asesinato cometido por un adolescente evidentemente inspirado por una película, un video juego o una serie reciente[19].

El ambiente del fin de los años noventa y del principio de los años 2000, en varias sociedades occidentales estuvo marcado por una demanda creciente de regreso a una mayor autoridad, por un llamado cada vez más apremiante a un orden moral que pasaba, entre otros aspectos, por expresiones renovadas de inquietud frente a la violencia y a la pornografía en la televisión. La obsesión de la inseguridad se combinó así fácilmente con la idea de que hay que poner límites a la oferta mediática, la cual, en su defecto, corrompe a la juventud y la incita a la violencia. Dentro de este contexto, alimentado año tras año por numerosas publicaciones empíricas, la tesis de la relación entre imágenes de violencia y comportamientos violentos parece dada por sentado, aun si el diagnóstico es a veces ambiguo o impreciso –lo que expresa muy bien uno de los pioneros de la sociología de los medios de comunicación, E. Katz en este texto de 1988: "Hasta el momento, los resultados de la investigación no han producido demostraciones claras respecto al poder de los efectos de la comunicación masiva. Consecuentemente, los investigadores deben seguir debatiéndose con la eterna cuestión de saber cómo conciliar estos resultados con la intuición que nos dice que tales efectos existen"[20]. El informe de Blandine Kriegel sobre la "violencia en la televisión" traduce bien la dificultad para adoptar una posición clara, encontramos en él tanto afirmaciones tajantes ("la responsabilidad de la televisión sobre los comportamientos de los jóvenes telespectadores, la responsabilidad de las imágenes violentas en relación a ciertos comportamientos (…) fue también evaluada como un efecto patente proporcional al tiempo pasado ante la pantalla. Nadie puede ignorarlo"[21]) como observaciones muy matizadas ("la incidencia de los programas

---

[19] Monique Dagnaud, *op. cit.*, p. 6, evoca varios casos de asesinatos o de matanzas, por ejemplo, el asesinato de una adolescente en Francia inspirado por *Scream* (4 de junio de 2002), implicando a unos jóvenes, y para los cuales "se busca una respuesta relacionada con la televisión o el cine".

[20] E. Katz, « On conceptualising media effects: another look », *in* S. Oskamp (ed.), *Television as a Social Issue*, California, Sage, 1988. Citado por Andrea Martínez, *op. cit.*, p. 23.

[21] *La violence à la télévision,* informe de Mme. Blandine Kriegel a M. Jean-Jacques Aillagon, ministro de la Cultura de Francia, París, 2002.

violentos sobre los comportamientos es no obstante reducida[22]"). En general, nadie rechaza completamente la idea de una relación que sin embargo no llega a ser demostrada con precisión. La mayor parte del tiempo, los estudios e informes, después de haber eventualmente expresado ciertas dudas, consideran la relación como un hecho, así que se proponen explicarla.

Es por esto que diversas propuestas están disponibles. Para algunos, la televisión procura por sus imágenes de violencia, respuestas elementales a toda situación, aporta una solución simple, eficaz, a problemas que no se sabe cómo resolver de otra manera; solución aún más convincente en la medida en que la televisión tendría un efecto de desinhibición, neutralizaría el tabú de la violencia convirtiendo en obsoleto el mandamiento que nos ordena: "No matarás", ya que exhibe crímenes y asesinatos con cualquier pretexto. Las imágenes de violencia, agregan quienes proponen esta explicación, pasman, paralizan la reflexión y anulan toda reflexividad. Propondrían modelos con los cuales algunos se identificarían, modelos como personalidades, tipos de conductas o de valores: el saber ser frío, cínico, sin emociones, el actuar convirtiendo la violencia en un simple instrumento para obtener un fin. Acondicionarían las mentes aún maleables, al grado, en casos extremos, de engendrar en los jóvenes el gusto por la violencia.

Dicho de otro modo, un nuevo culturalismo se estaría constituyendo, con los medios de comunicación electrónicos conformando el corazón de su construcción, lo que resume en la jerga de los especialistas la tesis llamada de la "aculturación"[23] o de la "incubación cultural". Las imágenes de violencia más extremas fabricarían personalidades inherentes a una cultura cuyas características serían, más o menos: la incapacidad de distinguir entre el bien y el mal, ya que la transgresión de lo prohibido se efectúa sin problema en la pantalla; la confusión entre la realidad y la ficción, efectiva particularmente en los dibujos animados; la imagen de la violencia como algo obvio, ineluctable, fatal; la insensibilidad, lo que es a la vez la mejor protección contra las violencias reales, de las que se quiere uno alejar, "mientras más mira

[22] *Idem,* p. 18.

[23] El pionero es aquí George Gerbner. *Cf.* por ejemplo, de este autor, *Violence and Terror in the Mass Media,* Reports and Papers on Mass Communication, n º 102, París, UNESCO, 1988.

uno, dice Olivier Mongin, más queda uno insensible, más se protege (…), la violencia más dura es paradójicamente la más indolora: deja al espectador insensible. Cuando la violencia enloquece en las pantallas, el espectador piensa erróneamente que ha logrado erradicarla en él"[24]. Podemos agregar, de la misma manera que, por ejemplo, Divina Frau-Meigs y Sophie Jehel[25], que detrás de esos mecanismos aparecerían la hegemonía económica norteamericana, la debilidad de Francia y de Europa para resistir y la aculturación al modelo norteamericano –cierto es, como lo subraya Monique Dagnaud, que una parte considerable de las imágenes de violencia proviene de las ficciones norteamericanas, ampliamente importadas por un país como Francia[26].

Resumiendo, el principal reproche es que las imágenes de violencia construyen modelos culturales inquietantes, fundados sobre la destrucción de los puntos de referencia necesarios para la vida en sociedad –reproche al que se le podrían oponer múltiples objeciones: las sociedades construyen frecuentemente puntos de referencia particularmente estructuradores a partir de imágenes muy violentas, Cristo crucificado, por ejemplo.

Ciertas versiones de ese tipo de explicación insisten sobre el efecto de aprendizaje, en general. Otras, sobre la imitación, con motivo de un acontecimiento singular, que induciría la televisión, observación que, de hecho, podría desembocar sobre una exoneración parcial de su responsabilidad: lo que es imitado, en efecto, puede muy posiblemente ser una actualidad bien real, a propósito de la cual los medios simplemente hicieron bien su trabajo de información. De esta manera, se observa habitualmente que una profanación de sepulturas en un cementerio judío, si es mediatizada, provoca que se hagan otras por oleadas. La explicación que imputa esta imitación únicamente a los medios de comunicación pasa por alto el contenido de las noticias que difunden y que son tangibles. De la misma manera, se trató de demostrar que ciertos suicidios, de una celebridad por ejemplo, en la ficción o en las

[24] Olivier Mongin, *La Violence des images, ou comment s'en débarrasser ?* París, Seuil, 1997, p. 139.

[25] Divina Frau-Meigs, Sophie Jehel, *Les Écrans de la Violence. Enjeux économiques et responsabilités sociales,* Paris, Economica, 1997.

[26] Monique Dagnaud, « Violence des jeunes, violence des images », *Enfances et psy,* n° 6, marzo 1999, pp. 41-45.

noticias, provocan una oleada de suicidios análogos –pero los estudios sobre este punto preciso fueron conducidos de manera torpe, y fueron ampliamente desmentidos por varios investigadores.

Desde otras perspectivas, la televisión es acusada de paralizar la subjetivación, sobre todo de los más jóvenes, dejándolos solos frente a ella, sin que la institución familiar pueda apoyarlos en algo: el joven hace él mismo su selección, no es ni vigilado ni orientado, la televisión no lo ayuda a constituirse como sujeto, al contrario, lo deja ensimismado. De esta manera, en un estudio sobre el lugar ocupado por los medios de comunicación electrónicos (televisión, videojuegos, etc.) en la vida de los jóvenes norteamericanos, sus autores notan una tendencia muy clara hacia la individuación del su uso[27]: "La proliferación y la miniaturización de las técnicas de comunicación cambian el contexto de la utilización de los medios, convirtiendo aquello que era una experiencia familiar en una actividad que, para numerosos jóvenes, es cada vez más privada"[28]. Lo que asocia la crítica de los medios de comunicación electrónicos a la idea de una crisis, o de una mutación de la institución familiar.

Así pues, las explicaciones no faltan. Pero son parciales, demasiado unidimensionales para ser satisfactorias; y son lo suficientemente distintas, y asociadas a paradigmas opuestos para que se descarte el aceptar la idea de que bastaría con ponerlas unas tras otras para obtener una teoría general.

Como lo recalca Todd Gitlin[29], vivimos permanentemente en un universo de imágenes y de sonidos que nos inundan, tanto adultos como niños. El tiempo promedio pasado cada día por los niños delante la televisión se acercaría, según algunos estudios, de seis horas en Estados Unidos, casi la mitad en Francia; un niño norteamericano que pasa de dos a cuatro horas diarias ante la televisión habrá visto al final de sus estudios primarios unos ocho mil asesinatos y cien mil actos violentos. Las imágenes, incluyendo las violentas, son un fenómeno masivo, tan

[27] Donald E Roberts, Ulla G Foehr, Victoria J. Rideout, Mollyan Brodie, « Kids medias. A Comprehensive National Analysis of Children's Media Use », *A Kaiser Family Foundation Report*, nov, 1999.

[28] *Idem*. P. 2.

[29] Todd Gitlin, *Media Unlimited, How the Torrent of Images and Sounds Overwhelms our Lives*. New York, Metropolitan Books, 2001.

anclado en la vida cotidiana como la escuela o el trabajo, o casi, y su peso sobre los comportamientos, la psicología, la personalidad de los individuos puede ser tan importante, su lugar en la existencia tan considerable, que sería absurdo imputarles un solo modo de influencia, una sola manera ejercer su peso sobre la infinita diversidad de formas de la experiencia. Y simétricamente, bastaría con partir, para nuestra reflexión, no de las imágenes de violencia, sino de las diferentes formas de violencia que actúan en nuestras sociedades y preguntarse cuáles parecen asociarse a alguna influencia de los medios de comunicación para concluir que esta es definitivamente muy tenue: ¿la delincuencia, el crimen, las violencias de la guerra, por ejemplo, le deben tanto a los medios? Seguramente no. A partir de entonces, el problema se vuelve no tanto, o solo, el ejercer una crítica de los medios por su influencia, sino, como precisamente en el caso de la educación, el elaborar políticas idóneas, incluyendo, sin excluir otras, claro está, la cuestión de las imágenes de violencia.

Y para pensar estas políticas en todas sus dimensiones contra la violencia de las imágenes, hay que hacer de manera que se articulen, no solamente, e incluso no tanto desde los puntos de vista más o menos compatibles comandados cada uno por uno y por otro por las diversas explicaciones disponibles, sino desde algunas perspectivas relacionadas también, y quizás sobre todo, con otras lógicas: sea morales y/ o económicas.

c. Moral y economía

A pesar del número impresionante de estudios y análisis que supuestamente muestran su nocividad, el debate sobre la violencia de las imágenes solo es accesoriamente organizado a partir de las mismas. Debe mucho, también y principalmente, a la expresión de preocupaciones morales, tanto más poderosas cuando surgen en un contexto donde todas las grandes instituciones parecen no saber dónde están o estar en crisis. Cuando parece que a la escuela cuesta mucho cumplir su misión, y por añadidura, le resulta imposible ocuparse de la televisión, a la cual los profesores son más hostiles que capaces de adaptarse o de utilizarla; cuando parece que las iglesias pierden velocidad, que la autoridad parece estar cuestionada en todos lados, y que el riesgo y la inseguridad se transforman, entre otras, en las primeras características de la vida colectiva, la violencia aparece como una inquietud social, lancinante; y la búsqueda de sus orígenes una preocupación mayor. El problema no es tanto su realidad, ni su incremento, sino lo que parece va a significar: la crisis del vínculo social; el debilitamiento de los valores morales, el desinterés de las generaciones más grandes por los jóvenes, etc. Desde entonces, la presión para que las políticas se apoderen del expediente puede llegar a ser enérgica, sobre todo si un evento, como la acción asesina de un joven telespectador que acaba de ver "Scream", lo activa. Entonces, no importa si en el fondo se trata de un fenómeno excepcional, lo esencial es ofrecer satisfacción a una petición de carácter moral.

Actualmente, lo característico de peticiones de este tipo es que pueden emanar de clases sociales que se espera se pueden encontrar más bien al lado de un cierto liberalismo, al menos en materia de moral. En efecto, son abanderadas por sectores, populares o no, más bien clásicamente inclinados a apelar al orden moral, pero también de clases medias más bien liberales y modernas, pero que comienzan a preocuparse por sus hijos, entre quienes descubren la circulación de videos pornográficos o que juegan videojuegos, algunos, con un alto nivel de violencia.

El discurso crítico sobre la violencia de las imágenes debe, entonces, estar en sí mismo sometido a la duda y a la crítica: ¿no corresponde, finalmente, a la incomprensión y al miedo de los jóvenes, más que a una realidad tangible?, como lo sugiere Martin Barker y Julian Petley[30], lo que quiere escuchar la opinión, ¿no es el formato establecido por los medios de comunicación impulsada por los *moral campainers*, activistas de la moral?

De repente, esta progresión moral se opone al principio de la libertad de expresión, tal como se aplica de manera muy diversificada de acuerdo con las sociedades. ¿Hasta qué punto todo puede ser dicho, mostrado difundido, incluso en los medios de comunicación?, ¿la libertad de expresión pone en juego otros derechos, otras libertades?, ¿No implica atentar, por ejemplo a la dignidad humana, y a que no hagamos de ello una regla absoluta, o en todo caso, tan imperativa como en la Primer enmienda de la Constitución estadounidense? ¿La implementa-

[30] Martin Barker, Julian Petley (eds), *Ill Effect. The Media/Violence Debate*, Londres, Routledge, 1997.

ción de principios morales no corresponde a la afirmación arbitraria de ciertos conceptos, a un orden, a formas de poder?

Si las inquietudes se han vueltos tan importantes, si un principio de pánico moral cuestiona los medios de comunicación electrónicos, también es por razones que nos remiten al triunfo generalizado de la economía de mercado, que empuja las reglas, las normas, la moral e impone la ley del beneficio y de la rentabilidad máxima. Aquí, la crítica salta de alguna manera por arriba de la especificidad de los medios de comunicación, incluidos los electrónicos, para tomarlas en las derivas de las industrias culturales que programan la violencia sin preocuparse de otra cosa que por sus beneficios. De esta forman, James T. Hamilton aplica a la televisión un razonamiento análogo al que había utilizado en el pasado en relación con la contaminación industrial, especialmente la química: "La persecución de intereses egoístas de los consumidores, los productores y los distribuidores de programas violentos lleva a efectos sociales indeseables[31]." En esta perspectiva, la violencia es una elección del marketing que genera "externalidades negativas", es decir, costos asumidos por la sociedad, o en todo caso, por otros y no por los que los causan, bajo la forma particular de niveles de incremento de agresión y de crimen que apelan a remedios políticos comparables a los utilizados en la lucha contra la contaminación: por ejemplo, reducir la emisión de la violencia en ciertos horarios, informar sobre el contenido violento de los programas en cuestión y sobre los anunciantes publicitarios con los que se asocian.

Un punto particularmente interesante de esta crítica reside en un aspecto inesperado del marketing en cuestión. Este, explica Hamilton, apunta prioritariamente a los adultos de entre 18 y 34 años, a quienes va dirigida la violencia programada. Pero entre los consumadores efectivos muchos son más jóvenes, esta violencia influenciaría más aun cuando no son el blanco de la publicidad y de los productores de emisiones. Dicho de otra manera, las "externalidades negativas" (la agresividad de los más jóvenes) son un costo que se vuelve absurdo, y mucho menos aceptable. Pues no aportan poco a los que los implementan, y perciben otro corazón como blanco, de más edad. Y dado que ni los responsables de la publicidad que acompaña a los programas, ni las cadenas de

---

[31] James T. Hamilton. *Channeling Violence. The Economic Market for Violent Television Programming*. Princeton University Press, 1998, p. XVII.

televisión incorporan ese costo en sus políticas de programación, una respuesta se impone: el poder público debe intervenir. El problema, *in fine*, termina en lo político. Lo que impone, como lo ha indicado de manera general Georges Balandier, desde principios de 1990, la cuestión de la democracia. "El mal democrático, hoy, es la anestesia catódica de la vida política[32]".

d. La contextualización de la violencia

Pero, ¿este tipo de reflexión no trata de manera vaga la "violencia"?, ¿no amalgama, una vez más en el debate público, fenómenos tan distintos como el crimen, la guerra, la delincuencia, el terrorismo, la nota roja, sin hablar de la "agresividad", tan presente en los estudios estadounidenses ya citados?

Una distinción elemental puede ayudar a progresar en la reflexión. Opone, en las imágenes televisivas (pero también en las películas y en los juegos electrónicos, de los cuales los jóvenes son muy aficionados): por una parte, las imágenes que otorgan un sentido muy evidente a la violencia, inscribiéndola en un contexto político, histórico, social, cultural suficientemente claro para que su lugar se encuentre legible; y por la otra, las que crean un fenómeno aparentemente descontextualizado, o muy débilmente ligado a cualquier contexto, y por ende, separado de todo sentido, tan distorsionado como pueda ser.

Formulada con fuerza por Oliver Mongin en su análisis de la evolución del cine contemporáneo, esta distinción lo lleva, para simplificarlo al máximo, a considerar dos polos que marcan el eje de la violencia en las imágenes. En un extremo de ese eje, encontramos la violencia reflejada que puede autorizar un cierto distanciamiento, que permite al espectador, de acuerdo con la expresión de Carole Desbarats, "de llegar a la claridad de la conciencia[33]". Y en el otro extremo, la violencia reflejada puede, al contrario, aparecer como un hecho ineluctable, una fatalidad, ser antes que nada crueldad, sadismo; o bien ser llevada por los héroes sin otra característica que la de encarnarla, sin profundidad humana o histórica. Entre algunas representaciones de la violencia que autorizan la "reflexividad", que la anclan en una experiencia donde el

---

[32] Georges Baladier, *Le pouvoir sur scènes*, París, Balland, 1992, p. 11.

[33] Carole Desbarats, "La Frontière", *Trafic*, N° 13, Invierno 1995, citado por Oliver Mongin, *op. cit.*, p. 12.

conflicto, la alteridad, la confrontación autorizan una especie de negociación intelectual con ella; y algunas representaciones donde se lleva todo, donde la violencia puede parecer como natural o sobrehumana, donde es como una "reacción inquebrantable[34]", las diferencias son considerables, y deben pesar sobre eventuales recomendaciones de política de los medios de comunicación. Mostrar la guerra, el campo de batalla, las estrategias, los buenos y los malos, no es lo mismo que dejar ver la estética o la crueldad, la transgresión de lo prohibido, la carnicería pura sin jerarquía de valores, sean los que sean.

Ahora bien, de acuerdo con Olivier Morgin y otros observadores y analistas de los medios de comunicación, la tendencia contemporánea iría en el sentido de esta pérdida de sentido, de valores o de puntos de referencia. Así, un argumento a menudo objetado a James T. Hamilton cuando critica la programación de la violencia en la televisión es que esta difunde también películas como *Schindler's List*, una gran película que, al contextualizar la violencia, muestra el horror y la brutalidad del Holocausto; pero este argumento, en beneficio de los medios de comunicación, es frágil pues "de las 500 películas que poseen violencia emitidas por la televisión hertziana y por cable en 1995-1996, solo había un 2.8% que eran películas de '4 estrellas'[35]" (es decir, de la categoría a la cual pertenece *Schindler's List*).

Esta constatación concuerda bien con lo relativo a los cambios evocados en los capítulos precedentes de este libro. El final de la guerra fría, el declive del movimiento obrero y luego la desaparición de los "grandes relatos" pesan en efecto en la producción de imágenes, de información o de ficción, en el sentido de esta pérdida; la mundialización es un aliento para difundir las imágenes válidas en el mundo entero, y que corresponden, en consecuencia, a una disminución de los puntos de referencia y valores en beneficio de una cultura universal del pobre, al ser compartida por todos.

Tal enfoque permite obtener razonamientos que llevan de manera lineal a imágenes de violencia, definida en sí misma muy vagamente, a comportamientos de violencia. De hecho, introduce la idea de que si el debate es feroz, al menos periódicamente, es porque en los medios de

---

[34] Oliver Mongin, *ídem*, p, 118.

[35] James T. Hamilton. *Channeling Violence. The Economic Market for Violent Television Programming, op. cit.*, p.24.

comunicación, la violencia parece mostrar cada vez más la ausencia de sentido, ser puro goce, estética eventualmente, gratuita[36], destrucción casi absurda, no tomada en cuenta, en todo caso, en conflictos claramente establecidos, relaciones más largas que ella misma. Esta violencia pura no se comprende fuera de ella misma, no es legible en el seno de un recuadro clásico o de un gran relato histórico –la conquista del Oeste, la Segunda Guerra Mundial–; preocupa aquí donde la de los vaqueros y los indios, en Estados Unidos, por ejemplo, no suscita el mismo tipo de reacción, lo que primero remite a las responsabilidades del emisor, del que la difunde.

En esta perspectiva, el lugar de producción de las imágenes es una cosa, el de la recepción es otro. Los fenómenos donde la violencia parece la más malsana, la más inquietante, son reforzadas cuando las imágenes son producidas en una sociedad dada, los Estados Unidos, por ejemplo, o en Japón, donde pueden eventualmente tener todavía un anclaje en los debates nacionales, en la experiencia de la gente, incluidos los jóvenes y sus problemas, para ser vistos en otros contextos nacionales, aun cuando ya no existen, o menos claramente, los puntos de referencia que permiten referirse en estos debates y problemas. *Taxi Driver*, visto en Estados Unidos en 1976, y la misma película vista en Francia, no tuvo la misma reacción. Los franceses no estaban en el periodo de fin y salida de la guerra de Vietnam y además, contrariamente a la sociedad estadounidense, que mucho ha tratado el tema desde un punto de vista interno; la sociedad francesa, como bien lo mostró Benjamin Stora[37], no ha sabido debatir de manera comparable su experiencia entonces todavía fresca de la guerra de Argelia.

La tendencia a la violencia por la violencia parece muy reforzada por la manera en que se efectúa el consumo de la televisión, comenzado por la práctica, que se ha sistematizado, de saltar de un canal al otro, verdadero aliento a la no-contextualización de las imágenes recibidas. Aquí, la individualización consiste en deber uno mismo dar un sentido, si se es capaz, a imágenes que no tienen, o que se reciben en condicio-

---

[36] La investigación de Blandine Kriegel señala lo raro de esta petición "que supondría que existe una violencia pagada, en sí misma autorizada por todos los lugares y por todos los públicos", *op. cit.*, p.24.

[37] Benjamin Stora, *Imaginaire de guerre. Algérie-Viêtnam, en France et aux États-Unis*, París, La Découverte, 1997.

nes que no lo tienen. El telespectador es responsable del relato que cree comprender. Esta responsabilidad es quizá todavía más grande con los videojuegos, ya que el joven que los juega está a menudo solo frente a la pantalla, y construye él mismo el relato en el que la violencia encuentra permanente, necesariamente, un lugar gigantesco: es omnipotente, único dueño a cargo de la historia que construye, y que se inscribe en un universo fantástico, imaginario, donde la realidad, como ejemplo histórico, puede ser convocada, pero también rechazada o ignorada en todo momento.

Quizá ahí hay un fenómeno general, característico de la modernidad contemporánea, la disociación de registros. Se puede pensar que ayer, la violencia estaba más encerrada en lo social, lo político, lo afectivo también. Pero, sobre todo, se puede formular la hipótesis de que hoy existe una fuerte tendencia a la separación. La violencia parece volverse violencia en sí, y no siendo más, o menos que ayer, articulada a la razón política, al relato de relaciones sociales o a la pasión de los afectos. Esta observación podría valer para cualquier otro fenómeno, la pornografía, cuyo desarrollo significa también un proceso de disociación: la sexualidad, en la pornografía, se disocia del amor y de la moral. Incluso, este tipo de disociación se resume mejor el libro de Catherine Millet, *La vie sexuelle de Catherine M.*, lo que explica tal vez su éxito[38]. De ahí que las inquietudes que alimentan el debate sobre la violencia de las imágenes integran cada vez más seguido preocupaciones ligadas a la presencia de la pornografía en los medios de comunicación. También es por ello que el tema de la violencia de las imágenes remite rápido, en sus consecuencias, al de la sexualidad y de la brutalidad de las conductas de ciertas personas jóvenes, por ejemplo, en las violaciones colectivas de jóvenes muchachas, llamadas "rotativas": la agresividad, la ausencia de puntos de referencia morales expresarían también esta disociación; la existencia de imágenes donde todo es posible debilitaría cualquier discurso que buscara introducir barreras, reglas de respeto. Los medios de comunicación tendrían como efecto debilitar los límites entre lo posible y el deseo, suprimirían cualquier sublimación necesaria, dado que con ellos, cualquier cosa es posible sin transición, completamente simple.

---

[38] Catherine Millet, *La vie sexuelle de Catherine M.*, París, Seuil, 2001. En relación con la pornografía, *cf.* Patrick Baudry, *La pornographie et ses images*, París, Armand Colin, 1997.

e. ¿Existe la violencia pura?

Aunque sea útil el enfoque que distingue dos tipos de violencia, suscita en sí algunas dudas. Primero, que la violencia pura, la más inquietante, la violencia por la violencia, también puede ser imputada, debido a la preocupación que genera, a las carencias del receptor, no o mal preparado para recibirla, al no disponer de categorías que le permitan pensarla, entonces quizá no sea tan "pura" como se podría creer. Por ello, ciertos especialistas consideran que la lucha contra el impacto de las imágenes violentas pasa por una pedagogía, y que es deseable y posible recontextualizarlas[39]. Por ejemplo, los esfuerzos de educación y de explicación que reciben los alumnos en la escuela establecen las condiciones para una apropiación, volviendo a dar sentido a las imágenes al autorizar un trabajo de reflexión; pueden volver la violencia comprensible, y alejarla de percepciones que solo ven ahí sus formas, las más extremas, las más puras.

Quizá hay que ir más lejos y desplazar el razonamiento que opone, no sin pretensión a la objetividad, violencia contextualizada y violencia pura. De hecho, el sentimiento de no-sentido y de descontextualización que pueden vivir los adultos de una cierta edad frente al espectáculo de ciertas imágenes violentas no tiene necesariamente un valor universal. Puede corresponder también a su exterioridad en relación con una cultura muy compartida por otros, más jóvenes; puede significar su ignorancia de los códigos de interpretación o de modelos de lectura propios de otras generaciones o de otras clases sociales; por ejemplo, remitir a modos de construcción del relato en el que el sentido se descifra o se encuentra más que en otros en los que se estuvo formado. El no-sentido es una imputación que atrae siempre duda y suspicacia, y no hay ninguna razón de abandonar nuestro propio sentido crítico. La afirmación de acuerdo con la cual tal película, tal emisión, tiene violencia pura, violencia por la violencia, exige siempre una cierta prudencia, o reserva, que la verificación vale para todos o para el público en cuestión, los jóvenes, los niños, por ejemplo. Lo que nos regresa al debate ya considerado entre universalismo y relativismo. Lo que, también, emplaza a una reflexión mucho más profunda sobre la crueldad o la violencia por la violencia: emprenderemos esa tarea en la tercera parte de este libro.

---

[39] *Cf.* Especialmente Serge Tisseron, *Les bienfaits des images*, París, Ed. Odile Jacob, 2003.

Conclusión

La mayor parte del tiempo, la reflexión y la crítica sobre la violencia de las imágenes cuestionan a los medios de comunicación sin interrogarse demasiado sistemáticamente del lugar que ocupan en la vida colectiva, insistiendo sobre su relativa autonomía, a lo mucho son el "cuarto poder" de las democracias, al lado del legislativo, del judicial y del ejecutivo. A partir de ahí, no solamente la producción mediática parece ser en sí misma autónoma –escapando a otras determinaciones que son las que fijan las reglas de funcionamiento de los medios de comunicación–, sino parece remitir a una capacidad de moldear lo real que no tendría necesariamente gran cosa que ver con esta misma realidad. Lo que impone trascendentales preguntas.

Por una parte, se puede discutir esta imagen de una producción mediática relativamente autónoma, y situar, precisamente, a los medios de comunicación en relación con otras formas organizadas o institucionalizadas de la vida colectiva[40]. Si parecen moldear a hasta este punto la cultura o las conductas, ¿no es por la crisis de las instituciones que aseguran, en particular, la socialización y el orden social, y volviéndose incapaces de otorgar normas sociales fuera de tentativas represivas al funcionar generalmente con un modelo hipnotizador? En esta perspectiva, la desinstitucionalización significa también el declive de las mediaciones que permitían dar un sentido a la experiencia vivida, socializando a los más jóvenes, diciendo lo bueno y lo malo, proponiendo normas y regla: en su debilitamiento, cada uno se siente directamente expuesto, a lo mucho, solo frente a la situación, y en este boquete, la violencia encuentra más fácilmente su lugar, sobre todo si los medios de comunicación adelantan y aportan reglas cognitivas, los mecanismos culturales o los puntos de referencia que, si no, faltarían.

Por la otra, los medios de comunicación ¿no constituyen, en lo más alejado de un lugar fuera de la sociedad, un espacio al contrario, capaz de mantener la violencia tal cual en realidad es vivida o maniobrada, en muchas de las situaciones reales? En esta perspectiva, la producción mediática remite, al menos en parte, a la experiencia concreta de su pú-

---

[40] *Cf.* para un destacado estudio de caso que ilustre muy bien esta cuestión, Angelina Peralva, Éric Macé, *Médias et violences. Débats politiques et construction journalistique*, París, Le Documentation française, 2002.

blico, solo es descontextualizada por los que ignoran no simplemente los códigos de interpretación, sino también el contexto, la experiencia vivida de partes enteras de la población, aquí y allá, como si por ejemplo pudiera estar disjunta, en la información, también en las ficciones, de cualquier forma de poder o del ejercicio de una fuerza, de una potencia. La idea de una violencia desprovista de todo sentido hace de los autores de los escenarios o de los productores de películas creativos puros, artistas sacados de lo real, mientras que al contrario, a menudo tienen un sentido común como lo establecieron los estudios al respecto de los cineastas que construyeron la grandeza de Hollywood. La violencia de las imágenes no sale de la nada o solo de la imaginación de los creadores inconscientes, perversos o cínicos.

Entonces, es necesario cuestionar la idea misma de la violencia pura, por la violencia, al menos el recurso a esta noción cuando es demasiado fácil o sistemática. Pero es esto lo que particularmente perjudica a los partidarios, radicales o moderados, de un retorno a un orden más moral. No es porque aquellos que están indignados y preocupados declaran a la violencia como gratuita, sin sentido, fuera de contexto, que lo es o por lo mucho que lo digan.

Pero reconozcamos que los medios de comunicación permiten ver formas de violencia extrema, que hacen interrupción fuera de lo previsible y rutinario, de lo instituido, fuera de las figuras del mal demasiado convenidas, refinadas, más o menos camufladas, estilizadas. Si se admite que la verdadera violencia solo puede ser, precisamente, del orden de la pérdida de sentido, o del no-sentido, del fuera-del marco, del fuera-del contexto, y que si no, solo se trata de formas atenuadas, y desde entonces, el debate sobre la violencia de las imágenes cambia completamente de alcance. Indicaría que por primera vez nuestras sociedades, al mismo tiempo que se vuelven capaces de reflexionar, descubren que tienen que enfrentar una parte de su funcionamiento o de sus relaciones con otras sociedades, que se muestran no necesariamente no reductibles al sentido. El debate sobre lo que conviene o se recomienda, frente a tal problema, es particularmente sano ya que nos invita a no creer que se puede un día terminar con la violencia, sino a admitir que siempre habrá violencia, al margen de lo social, lo político, lo afectivo, ahí donde el sentido parece perderse, o se pervierte, y que esta parte inevitable requiere esfuerzos y reflexiones políticas.

SEGUNDA PARTE

Los enfoques clásicos

Introducción

No hay importante pensador tanto en las ciencias sociales como en filosofía política, que no haya, de una manera u otra, expresado un punto de vista sobre la violencia o elaborado una perspectiva para abordarla. A lo mucho, se puede decir que todos los enfoques que contribuyen a la historia de las ideas sobre el hombre y la sociedad se confrontan más o menos al fenómeno, y se esfuerzan por tratarlo; unos para hacerlo un objeto central de sus preocupaciones, los otros, para hacerlo al menos de vez en cuando; lo que se vuelve pronto inevitable. Desde entonces, intentar exponer los razonamientos disponibles supone el riesgo de volver a revisar el conjunto de disciplinas implicadas, o a examinar de manera sistemática, lo que dicen de sus principales autores. Para convencerse de ello, basta con consultar obras que exigen, precisamente, el hacer un balance de las teorías relativas sino de la violencia general, al menos sí de ciertas de sus formas particulares, por ejemplo, la violencia política o la delincuencia[1]: estas obras indagan mucho y son llevadas a proponer verdaderos panoramas donde son convocados muchos miembros del Panteón sociológico, antropológico o filosófico.

La resultante de este tipo de esfuerzos puede dar la impresión de que el conjunto de ideas disponibles es una construcción que se hace por medio de la acumulación de propuestas. Siempre es posible, ciertamente, que los principales razonamientos disponibles sobre la violencia se empalmen entre ellos. Pero, se oponen muy frecuentemente y, a veces tan radicalmente, que es difícil, incluso imposible, ofrecer de ello una imagen integral. Sin embargo, algunas tentativas se esfuerzan por promover enfoques "multi-teóricos" terminando en lo esencial: unas explican tal o cual expresión de violencia por un conjunto de causas o de factores diversificados; las otras presentan un modelo sintético,

---

[1] Véase James B. Rule, *Theories of Civil*, Berkeley, University of California Press, 1988; Donald J. Shoemaker, *Theories of Delinquency, An Examination of Explanations of Delinquent Behavior*, New York, Oxford, University Press, 1990 [1984].

incorporando varios niveles de explicaciones[2]. Su encrucijada es entonces elaborar un esquema que permitiría comprender cualquier experiencia histórica del fenómeno considerado con ayuda de un dispositivo teórico universal, lo que conduce a relacionar modos de análisis a las premisas, no obstante, a menudo contradictorias sin jamás crear la tesis de las contradicciones, sin hacer la pregunta de la pertinencia de una articulación poco reflexionada y, por tanto, poco convincente.

Otra debilidad de las tentativas para hacer un balance de las teorías de la violencia (o de un subconjunto de problemas, como por ejemplo, la delincuencia) es que estas mantienen una relación particularmente delicada con la historia de las ideas. Puesto que proponer la elaboración de un cuadro lo más completo posible de los enfoques disponibles de la violencia no es exactamente la misma empresa intelectual que el de hacer visibles continuidades y rupturas en la historia del pensamiento de este fenómeno, no es precisamente el mismo procedimiento que el organizar una reflexión sobre la manera en la que los paradigmas encuentran sus condiciones de nacimiento, de expansión o de éxito, y luego, su pérdida de influencia. Las dos maneras de reflexionar son diferentes, y no es fácil conciliarlas. En una conjetura histórica dada, en efecto, hay una especificidad del repertorio de modos de análisis de los que disponen los que quieren pensar la violencia; así que, del peso relativo de cada uno de ellos en el debate público o intelectual, la manera en la que se completan, se agregan, se ignoran o entran en conflicto: presentarlos en tanto que puros razonamientos sin ningún anclaje en lo real, de manera que tiende a volverse a-histórico, pues no implica para nada considerar tales cuestiones.

Con esta segunda parte, llegó el momento para nosotros, de comenzar precisamente a examinar los diversos enfoques de la violencia. Para evitar los escollos que acabamos de señalar, adoptaremos un proceso que descansa en dos principios elementales y articulados. El primero consiste en centrar la reflexión en los principales tipos de razonamiento, sin pretensión exhaustiva preocupándose sobre todo de ir a lo esencial. El segundo principio consiste en adoptar una presentación que corresponde lo más posible a la historicidad de los enfoques mencionados, la cual data del momento de su apogeo. Estos, en efecto, no atraviesan el

---

[2] Véase por ejemplo Donald J. Shoemaker, *Op. cit*, capítulo 12, "Delinquency theory: summary and integrative approaches", pp. 293-317.

tiempo de manera aleatoria, en el nacimiento de personalidades intelectuales aparecidas aquí o allá, en una u otra época. Pero, más allá de este esfuerzo para situar históricamente los modos de enfoque que nos parecen los más decisivos, al menos hasta los años recientes, también hay que señalar que dibujan un paisaje global que representa una cierta unidad. Los tres grandes registros que abordaremos en esta segunda parte de nuestra obra forman en efecto un todo, que se puede calificar de clásico, los cuales constituyen el espacio teórico del análisis de la violencia tal cual se construyó en la era moderna.

Un primer registro nos reenvía a las nociones de crisis y de cambio, y de reacción a la crisis, o, si se prefiere, de conductas de crisis. Bajo estas perspectivas, la violencia se explica por el estado del sistema, su funcionamiento y sus disfunciones, sus transformaciones, más que por el autor, el cual se limitará en caso de fracaso a destacar las frustraciones. Un segundo registro, muy diferente, se centra en el actor y asimila la violencia a una fuente que se moviliza para alcanzar sus fines; el análisis restituye los cálculos, las estrategias, la racionalidad de la violencia instrumental. Finalmente, un tercer registro imputa la violencia a una cultura, eventualmente ella misma transcrita en una personalidad, o aún más a una naturaleza, que la cultura vendría, llegado el caso, a pacificar. De esta manera, el espacio clásico del pensamiento moderno sobre la violencia está marcado bajo la forma de un triángulo: el peso del sistema, las lógicas del actor y la influencia de la cultura.

Para cada uno de los puntos álgidos de este triángulo, nos esforzaremos en mostrar su aporte, pero también los límites o las debilidades. La mayor parte del tiempo, identificaremos un autor, una corriente, una obra o incluso aún una experiencia singular de violencia en un aspecto preciso, que revela, de un lado o del otro a sus polos, tratando de ilustrarlos lo más posible. Esto no quiere decir que, en la realidad de los autores, corrientes, no haya habido nunca más que una sola dimensión a la obra de referencia. Por el contrario: si queremos entender, por ejemplo, las conductas delictivas juveniles en Francia de los inicios de los años ochenta, como lo mostró François Dubet en un estudio de referencia, es necesario realizar constantemente el esfuerzo de circular entre tres tipos de explicación principales que corresponden, *grosso modo*, a nuestros tres registros[3].

---

[3] François Dubet. *La Galère. Jeunes en survie*, Paris, Fayard, 1988.

Entonces, entraremos en el análisis de los principales razonamientos relativos a la violencia. Progresivamente, tomaremos conciencia de un punto decisivo, que es saber si estos razonamientos preexisten a veces, bajo formas más o menos bastas, en la época moderna, y si está claro que pueden contribuir a abordar algunas experiencias de nuestro tiempo, que no hayan sido tan olvidadas. A menudo, nos dejan hambrientos y el espacio que recorren permite que se vea lo faltante, lo defectuoso, lo escurridizo. Es por ello que se puede igualmente leer esta segunda parte del libro como un análisis del pensamiento moderno clásico de la violencia —un balance que llama a la superación, a la invención de nuevas categorías, a la reflexión de nuevos costos: esta será la encrucijada de la última parte de la obra.

CAPÍTULO 5

Crisis y frustraciones

De manera espontánea, a menudo estamos tentados de ver en la violencia la expresión de una crisis, un cuestionamiento del orden y de las normas de la vida colectiva ligada por ejemplo a las dificultades que vive el Estado o las instituciones, o que resultan de un deterioro de la situación económica. Esta idea, muy presente en el sentido común, se encuentra en el pensamiento funcionalista más clásico, el que nos reenvía a las imágenes del desorden, parcial o generalizado, de la desorganización, de cambios no dominados por el poder político, de rigideces, de disfuncionamientos, de bloqueos que prohíben a muchos individuos vivir la movilidad social a la cual aspiran, o al acceso a los valores legítimos, por ejemplo, el consumo de bienes. Para Talcott Parsons al estudiar el nazismo[1], la angustia, la frustración, el romanticismo, el llamado al orden y la violencia proceden en la Alemania post Primera Guerra Mundial, por un lado del desfase existente entre la modernización económica y racionalización, y por el otro del orden tradicional. Para Robert Merton, quien se interesaba en la desviación[2], una movilidad ascendente no satisfecha, el acceso imposible a ciertas metas legítimas pueden desembocar en la delincuencia o en el motín; la anomia, en esta perspectiva, demuestra una disyunción entre los objetivos culturales y los medios estructurales para alcanzarlos. Para Lewis Coser, suplicando como demócrata que las estructuras políticas ofrezcan a todos los grupos sociales la capacidad de expresar sus demandas[3], de modo que no se llegue a que "sentimientos agresivos y hostiles" se desarrollen, mientras que para muchos otros sociólogos funcionalistas, la violencia, en

---

[1] Talcott Parsons, *Essays in Sociological Theory*, Glencoe, 1954. Véase en particular "Democracy and Social Structure in Pre-Nazi Germany", "Some Sociological Aspects of the Fascist Movements" y "The problems of Controlled Institutional Change".

[2] Robert Merton, *Éléments de théorie et de méthode sociologique*, Paris, Plon, 1965 [1957]; En particular el capítulo 7, "Anomie et déviance", pp. 188-189.

[3] Lexis Coser, *Les fonctions du conflit social*, Paris, PUF, 1982 [1956].

todas sus formas, es una conducta de crisis, y por tanto una respuesta a una situación. Empero en estas perspectivas, la violencia no es una fatalidad, puesto que otras respuestas a la crisis más allá de la violencia se encuentran como: la apatía, por ejemplo, la resignación y la atonía, que a menudo caracterizan el desempleo y a los desempleados, mucho más que la tentación a llegar a la violencia.

Pero ¿cómo pasamos del sistema a los actores?, ¿de la crisis a las conductas de violencia individual o colectiva? La respuesta más común descansa sobre una noción que tuvo su momento de gloria en los años cincuenta y sesenta: la frustración[4].

1. La noción de frustración

En el *Antiguo Régimen y la revolución*, Alexis de Tocqueville propone un razonamiento a menudo presente como fundador de modos de enfoque que explican la violencia a partir de la idea de una frustración de los actores. Constatando que, en los últimos años del Antiguo régimen, el descontento popular creció cuando la prosperidad en sí misma también, así escribe: "Las partes de Francia que debían ser el principal hogar de esta revolución son precisamente en las que el progreso se puede ver mejor (…) se diría que los franceses encontraron su posición aún más insoportable en la medida que mejoraba[5]". Idea de la cual James Rule, en su muy útil obra sobre las teorías de la violencia civil[6], escribió que se puede encontrar la expresión hasta en Aristóteles, mismo que Raymond Boudon, quien se convirtió en el explorador de los autores que la utilizaron, encontró también en Émile Durkheim (en *Le Suicide*) y, sobre todo, en la literatura de las ciencias sociales americanas, comenzando por el célebre estudio de Samuel Stouffer, *The American Soldier*[7].

[4] Defiendo así la tesis de una complementariedad que va del pensamiento funcionalista a los razonamientos centrados en el mecanismo de la frustración individual o colectiva. Esta tesis es objetada por Théda Skocpol, quien opone, en États et révolutions sociales, Paris, Fayard, 1985 [1979], pp. 27-31, los modelos funcionalistas (que ella llama las teorías consensualistas) a las teorías "psicologizantes" la frustración, a la Ted Robert Gurr, autor que será analizado más adelante.

[5] Alexis de Tocqueville, *L'Ancien Régime et la Révolution*, Paris, Gallimard, coll. « Idées », 1967.

[6] James B. Rule, *Theories of Civil Violence*, Berkeley, University of California, 1988, p. 200.

[7] Samuel A. Stouffer, *The American Soldier*, Princeton, 1949. Véase Raymond Boudon,

En efecto, Stouffer, señala Boudon, muestra que los gendarmes, que en Estados Unidos pertenecen a un cuerpo armado cuya promoción es más difícil de obtener, se sienten más satisfechos de su sistema de promoción, que el de los aviadores, quienes sin embargo, pertenecen a un organismo donde la promoción es más frecuente, y sin embargo están menos satisfechos.

La frustración, para los análisis que se apoyan sobre esta noción (sin que por ello se interesen necesaria o particularmente en la violencia), debe ser pensada como relativa, y en función de las referencias de los actores que viven ese sentimiento. Siguiendo con Raymond Boudon, esta depende de las estructuras de competencia en las que se encuentran ubicados los individuos y que condicionan fuertemente la insatisfacción. Para este sociólogo, la frustración no es la resultante de algún determinismo, de ninguna ley automática que haría la función directa de una situación. Hay que abordarla con la idea que nos remite a leyes condicionales: donde su probabilidad de aparecer está mucho más marcada que tal o cual condición se presente. Para Boudon, la frustración relativa se inscribe en el marco de una visión liberal que, a lo mucho, nos lleva a relaciones sociales cual imagen de mercado. Nos remite a la idea de una relación de concurrencia entre oferta y demanda de un bien para los individuos social y culturalmente situados, que implica la "competencia para un bien"[8]. En resumen, para Boudon, quien es ciertamente el autor contemporáneo que fue más lejos en la elaboración de la noción, la frustración relativa corresponde a una "lógica" ampliamente presente en la sociología clásica: "Tocqueville, Durkheim, Lazarsfeld, Stouffer, así como Merton, Runciman, Hyman, todos ellos autores diferentes por sus orientaciones políticas, teóricas, metodológicas, coinciden en reconocer su carácter complejo (por lo que, cuál es la necesidad de expulsar esta palabra cuando tiene un sentido preciso) y su carácter dialéctico en la relación que hay por una parte, entre la abundancia de los bienes, y la igualdad, la satisfacción individual por la otra[9]".

Effets pervers et ordre social, Paris, PUF, 1977.
[8] *Idem.* p. 137.
[9] *Idem.* pp. 132-133.

2. Frustración relativa y violencia

Las proposiciones de Raymond Boudon hacen de la frustración relativa una categoría importante de la sociología en general, y él mismo apenas y la aplica de manera específica a la violencia.

De hecho, el primero en haber teorizado la idea de un vínculo entre frustración y violencia parece ser John Dollard, en una obra colectiva dedicada a la agresión[10]. Dollard no introduce la idea de una relatividad de la frustración, simplemente propone la de una relación casi automática, que es que "la existencia de la frustración conlleva siempre a otra forma de agresión[11]".

Dollard, quien fue un pionero en la introducción del psicoanálisis al interior de las ciencias sociales estadounidenses, se inscribe de esta manera aquí en una perspectiva más psicológica o antropológica que sociológica. La violencia no procede, desde ese punto de vista, de relaciones o de conflictos sociales, es la respuesta del individuo privado, descontento, frustrado, que pasa desde ese momento a la agresión. Es así como podemos hablar, después de este autor, de una teoría de la frustración-agresión, cuya formulación más conocida en las ciencias sociales norteamericanas, fue dada a principios de los años sesenta con la "curva en J" (*J. Curve*) que propuso James C. Davies.

Esta versión gráfica desarrolla la inspiración tocqueviliana, proponiendo al mismo tiempo una variante distinta. Para Tocqueville, en efecto, la frustración relativa corresponde al pasaje de una privación total, ligada a una dominación categórica, junto con la conciencia de un debilitamiento de los controles sociales y del orden: que tiene que ver con las aspiraciones, y las demandas sociales cuya satisfacción no era concebible hasta que se hicieran reales, lo que contribuye a que las revueltas sean posibles en razón de que esta privación se ha vuelto relativa. A decir de Davies, cuando la distancia, entre las expectativas de uno o varios grupos sociales y las posibilidades de satisfacerlas, es de consideración y a la vez insoportable, la violencia encuentra su vía. De manera más específica, las revueltas explosivas, particularmente los revolucionarios son el resultado de la no-satisfacción de deseos, de sueños, de aspiraciones en una coyuntura muy particular, que es aquella

[10] John Dollard (ed), *Frustration and Aggression*, New Haven, Yale University Press, 1939.
[11] *Idem*, p.1.

que transcurre un periodo corto de retrocesos marcados de tendencias positivas que surgen en consecuencia de periodos de desarrollo económico y social[12].

En esta perspectiva, para los actores la violencia se explica por el carácter intolerable, por la distancia entre sus expectativas y las gratificaciones, entre lo que quieren y pueden obtener, y que, en muy poco tiempo, parecen alegarse de manera considerable. De repente, ya no pueden prospectar acceder a lo que era, hasta hace poco, algo realista de esperarse. Después de su artículo fundador de 1962, James C. Davies[13] intentó aplicar su teoría a diversas situaciones donde después de un largo periodo de mejoras sociales, no hizo más que elevar las expectativas populares, lo que conllevó después a una regresión brutal. Él se interesó de este modo, en una rebelión en el estado de Rhode Island a principios del siglo XX, a la Revolución rusa de 1917, y a la de Egipto de 1952, a la guerra de Secesión, a la revolución nazi de 1933, a las revueltas de negros de los Estados Unidos en los años sesenta, etc. Su procedimiento, muy explícitamente, se alejaba de la sociología para reclamarse de

---

[12] "*The J. Curve is this: revolution is most likely to take place when a prolonged period of rising expectations and rising gratifications is followed by a short period of sharp reversal, during which the gap between expectations and gratifications quickly widens and becomes intolerable. The frustration that develops, when it is intense and widespread in the society, seeks outlets in violent action. When the frustration becomes focused on the government, the violence becomes coherent and directional. If the frustration is sufficiently widespread, intense, and focused on government, the violence will become a revolution that displaces irrevocably the ruling government and changes markedly the power structure of the society. Or the violence will be contained within the system, which it modifies but does not displace; this latter case is rebellion*". James Chowing Davies, "The J-Curve of Rising and Declining Satisfactions as a Cause of Revolution and rebellion", en *Violence in America: Historical and Comparative Perspectives*, Beverly Hills, Sage, 1979, revised ed., p.415, [1969]. [La curva de J. es esta: la revolución lo más probable es que tenga lugar cuando en un período prolongado de expectativas crecientes y el aumento de gratificaciones es seguida de un corto período de fuerte retroceso, durante el cual la brecha entre las expectativas y las gratificaciones se amplía rápidamente y se vuelve intolerable. La frustración que se desarrolla, cuando es intensa y generalizada en la sociedad, busca salidas en la acción violenta. Cuando la frustración se centra en el gobierno, la violencia se convierte en coherente y direccional. Si la frustración es lo suficientemente amplia, intensa y centrada en el gobierno, la violencia se convertirá en una revolución que desplaza irrevocablemente al gobierno y cambia notablemente la estructura de poder de la sociedad. O la violencia será contenida dentro del sistema, lo cual modifica pero no la desplaza; este último caso es el de la rebelión.]

[13] James C. Davies, "Toward a theory of revolution", *American Sociological Review*, 1962, N° 27, pp. 5-19.

la psicología. Lo que él propone es "*a psychological, not a sociological explanation*"[14] (una explicación psicológica y no sociológica), en la cual la unidad de análisis es el individuo, y saber si se puede hacer de este una "categoría visible" analíticamente, como lo puede ser la de los negros o los estudiantes. El hecho es que, para Davis, los procesos mentales ligados a la frustración y a la agresión son universales y "fundamentalmente los mismos para todos[15]".

Eventualmente combinando la inspiración de Tocqueville y la formulación de Davies, este tipo de razonamiento conoció un gran éxito en la ciencia política anglosajona de los sesenta y setenta, que se puede constatar fácilmente con la lectura de los escritos recogidos en esta suma real que constituyen las dos versiones de *Violence in America: Historical and Comparative Perspectives* (1969 y 1979). En particular, Ted Robert Gurr propuso hacerlo el corazón del análisis en una obra clásica donde se trata de explicar "Why Men Rebel?" (¿Por qué los hombres se rebelan?). Y si su razonamiento, muy elaborado, hace intervenir todo tipo de factores y articulaciones es justamente porque parte de la idea de que la "fuente primaria de la capacidad del hombre de ser violento reside en los mecanismos de la frustración-agresión[16]".

3. Un modo agotado de enfocarse

En ciertos casos, el enfoque de la violencia en términos de privación o de frustración relativa pudo aportar algunos resultados interesantes. Por ejemplo, en un estudio de los disturbios de Watts en Los Ángeles en 1965 mostró que los negros que se rebelaban venían de grandes metrópolis del norte de los Estados Unidos, y no de las regiones rurales del sur; estos negros, que predominan en el gueto de Los Ángeles, tienen una experiencia de la sociedad urbana e industrial, sus expectativas son más altas que las de los negros provenientes directamente del sur. Son educados, y tanto los adultos como los jóvenes, tienen fuertes expectativas en torno al sistema político, pero como estas expectativas se ven frustradas, ello los conduce a participar en los disturbios[17].

[14] James C. Davies, *Op. cit.*, p.434

[15] *Idem*, p. 434.

[16] Ted Robert Gurr, *Why Men Rebel?* Princeton, Princeton, University Press, 1970.

[17] David O. Sear, John B. McConahay, *The Politics of Violence*, Boston, Houghton, Mifflin,

No obstante, este tipo de enfoque mostró sus límites cuando estaba en su apogeo, al principio de los años setenta, cuando también inspiraba a numerosos investigadores norteamericanos pioneros de la renovación de los estudios sobre la violencia en un país que había prácticamente escogido ignorarla o reducirla a la imagen de desórdenes disfuncionales, hasta que se salió el informe de la comisión establecida en 1968 a petición del presidente Lyndon Johnson que tenía por tarea ir "tan lejos como el conocimiento puede hacerlo en la búsqueda de las causas de la violencia y de los medios para prevenirla[18]". Por una parte, la investigación llega a ser hasta ridícula, por ejemplo, cuando los investigadores decididos a comprender las razones de una revuelta hicieron pasar a la población concernida a la prueba de la "escala de Cantrill". Las personas interrogadas con este método deben de situarse en relación con lo que eran cinco años antes, y a lo que esperan de aquí a cinco años más; las respuestas posibles, en esta escala de diez puntos, iban de "la mejor vida posible" hasta la "peor vida posible". La hipótesis es que la revuelta se explica por una fuerte frustración, en relación con el pasado o el futuro previsible. Pero, ¿cómo fiarse de un enfoque tan desconectado de la experiencia concreta de actores y de elementos que, *hic et nunc*, definen el contexto de la revuelta o la moldean en ese sentido? Para atenuar el efecto devastador de los trabajos tan caricaturescos, se puede objetar que un uso desafortunado de la teoría no es suficiente para invalidarlo. Pero no solo hay este tipo de usos.

Pues del otro lado, y sobre todo, la literatura especializada deja ver un doble fenómeno de descomposición teórica de la idea de la frustración relativa. En efecto, por un lado, diversos trabajos empíricos muestran las carencias de esta idea, impotente para informar de hechos concretos que se pueden explicar –"el principal problema con la teoría de la "curva de J" (anota Harry Ekstein al revisar los enfoques disponibles para el estudio de la violencia colectiva), es la abundancia de los contraejemplos"[19]. Es de este modo, por ejemplo, que al hacer un

1973, citado en J. Rule, *Op. cit.*

[18] Véase el prefacio de Milton S. Eisenhower, presidente de esta comisión, en la obra en donde presenta los primeros resultados, Hugh Davis Graham, Ted Robert Gurr, *Violence in America, Op. cit.*, p.9.

[19] Harry Eckstein, "Theoretical Approaches to Explaining Collective Political Violence", en Ted Robert Gurr (ed.), *Handbook of Political Conflict*, New York, The Free Press, 1980, p. 158.

reexamen cuidadoso de los datos relativos a cinco disturbios que habían sido analizados con la ayuda de la idea de la frustración relativa puso en aprietos esta interpretación y dio muestra de que "hay muchas razones para abandonar el cliché popular y sociológico que quiere ver de la privación relativa y la frustración, el descontento y la desesperanza que ello suscita, como la causa principal de la revuelta"[20].

A la desaprobación empírica que aporta así el regreso a los datos factuales disponibles se agrega, por otro lado, la idea de que la frustración relativa solo tiene de cualquier manera un poder explicativo limitado, y que más vale hacerlo un factor entre tantos otros, que la parte central del análisis. De hecho, el libro de referencia, *Why Men Rebel?* (1970) (*¿Por qué los hombres se rebelan?*) de Ted Robert Gurr, ilustra esta observación, dado que muchos otros factores o causas han tenido que ser utilizadas para apoyar una teoría del conflicto y de la violencia que se quiere que sea de largo alcance. El que ha ciertamente querido ir más allá en el examen de la pertinencia de la hipótesis de la frustración relativa, es Edward Muller, quien llega a una conclusión negativa. Para este investigador cuyos trabajos combinan profundidad, reflexión teórica, e investigación empírica, la privación relativa no es un factor importante para explicar la violencia y, por ende, tampoco para lograr prever su surgimiento. Puesto que su influencia es débil, otros factores intervienen de manera mucho más determinante. El autor escribe después de un largo y minucioso examen que "una vez todos los elementos considerados, es claro que deben ser rechazadas las fuertes afirmaciones, según las cuales la frustración y la privación relativas son la causa central psicológica de la protesta y la violencia. Lo mejor que se puede decir de la hipótesis de la frustración-agresión aplicada a la acción política es que un tipo de frustración –(como la del que nació en la distancia entre lo que se espera y lo que logra)– puede incluir una modesta relación de propensión individual para participar a la protesta pública y a la violencia"[21].

La historia de la frustración relativa, como noción explicativa de la violencia, es la de un paradigma seductor, que no ha tenido sólidas va-

---

[20] Ver McPhail, "Civil disorder participation: A critical examination of recent research", en *American Sociological Review*, n° 36, 1971, pp. 1058-1073, p. 1064.

[21] Edward N. Muller, "The Psychology of Political Protest and Violence", en Ted Robert Gurr (ed.), *Op. cit.*, p.84.

lidaciones empíricas. Es verdad que intelectualmente, no es aceptable reducir las innumerables modalidades de la violencia a un mecanismo universal, no falseable entonces, como si todas las otras conductas de violencia, el motín, la revolución, la guerra civil, el terrorismo, pero también el crimen o la delincuencia juvenil, den cuenta de una explicación única. Es más difícil aceptar la idea de que una explicación que descansa en una imagen elemental de la psique humana pueda dar lugar a una teoría sociológica. Con el paradigma de la frustración relativa, la violencia no está lejos de desocializarse, de dar cuenta de un atributo antropológico, de una capacidad compartida para todos los seres humanos a reaccionar de manera agresiva en un contexto de cambios desfavorables. Y, si el universo de los actores no está totalmente desocializado, se presenta, en este enfoque, como una especie de mercado donde la concurrencia no sería pura ni perfecta, y donde la violencia es el fruto de modificaciones en el acceso de cada quien a los recursos aportados por el desarrollo económico y social.

Digámoslo directamente: la herramienta analítica que constituye la teoría de la frustración relativa descansa sobre un determinismo pobre, y sobre la idea de un mecanismo sumario, sobre una psicología más bien frustrada que deja poco espacio, en el análisis, al estudio de las relaciones sociales, a la inserción de los actores en el conflicto más o menos institucionalizados, en el sentido que ellos ponen para actuar, incluyendo los de manera violenta, o a la pérdida de sentido que puede significar el recurso a la violencia. Este determinismo es en sí mismo poco sociológico y puede rápidamente conducir a naturalizar las conductas humanas y sociales. Esto es lo que ilustra la evolución intelectual de su principal inspirador de los años sesenta, James C. Davies. Más que intentar "sociologizar" un razonamiento inicialmente psicológico, Davies, en el transcurso de los años, ha endurecido las orientaciones a-históricas y a-sociales, que tenían por objetivo, en los años ochenta, el ver en qué la biología podía contribuir a esclarecer el conflicto político o social. Al respecto, escribe el autor, "todo comportamiento humano, incluido el comportamiento de conflicto, es una función o un producto de la interacción entre el organismo y el medio ambiente"[22].

[22] James C. Davies, "Biological Perspectives on Humain Conflict", en Ted Robert Gurr (ed.), *Op. cit.*, p. 19.

4. Los intelectuales frustrados

En ciertas experiencias, la violencia no se comprende sin referencia a la intervención de clérigos, que la organizan ideológicamente y, a veces también, en la práctica. En particular, así es cuando la cólera, la rabia social o, incluso una conciencia nacional infeliz o una región mal llevada, son consolidadas por intelectuales, que orientan la acción hacia una violencia política, capaz de definir un sentido y de inscribirlo eventualmente en una visión que no se limita a la explosión sin mañana. Así, desde los años sesenta, el terrorismo descansa en todos lados en el mundo sobre actores específicos que definen las estrategias adoptadas a sus fines, cualquiera que sean estas: religiosas, nacionales, étnicas, revolucionarias u otras.

Empero, ¿de dónde viene la capacidad y el deseo de tales actores para elaborar ideas y estructurar las conductas de una acción violenta? La pregunta se ha formulado numerosas veces, y una respuesta a menudo se refiere, también, a la noción de la frustración.

En esta perspectiva, los intelectuales (mantendremos este término por comodidad del lenguaje, incluso si corre el riesgo de ser anacrónico o excesivo) son identificados con sus intereses particulares, individuales, o eventualmente colectivos, constituyendo en este último caso un grupo social particular. Ellos se radicalizan, hasta promover la violencia, cuando estos intereses corren el riesgo de no ser satisfechos. Desde entonces, su papel se explica, no por las significaciones sociales, culturales o políticas que organizan ideológicamente, tampoco por las expectativas de aquellos en nombre de quienes ellos se expresan y que politizan, sino que lo hacen por sus propios intereses. Y, estas expectativas son por tanto llevadas a su posición relativa en la sociedad y, sobre todo, frente al poder del Estado.

Nuevamente ahí, Tocqueville aportó una formulación fundadora de ese tipo de enfoque. Siguiendo en el *Ancien Régime et la Révolution*, el autor anota, a propósito del papel de los escritores en Inglaterra y en Francia (la palabra intelectual todavía no la había popularizado Maurice Barrès): "Mientras que en Inglaterra, los que escribían sobre el gobierno y los que gobernaban estaban mezclados, los primeros introducían las nuevas ideas en la práctica, los otros reconduciendo y circunscribiendo las teorías con la ayuda de los hechos, en Francia, el mundo político permaneció como dividido en dos provincias separadas y sin comercio entre sí. En la primera, se administraba; en la segunda, se establecían los principios abstractos sobre los cuales toda administración debía fundarse. Aquí se tomaban medidas particulares que la rutina señalaba; ahí, se proclamaban leyes generales, sin nunca soñar en los medios de cómo aplicarlos; para unos la conducta de los negocios, para otros dirigir algunas inteligencias"[23].

Los clérigos, siguiendo la idea de Alexis de Tocqueville, producían tantas más representaciones abstractas de lo real, cuanto más apelaban a lo absoluto y a la ruptura con el orden establecido que se distanciaban más del camino de la especulación y los negocios. La violencia encuentra su camino, al menos teórico, en la posibilidad que tiene de no tener que confrontar sus ideas con los hechos y con las personas concretas, su radicalidad es tanto más grande que están lo más alejados de toda preocupación práctica de reforma o de cambio gradual. Entre más los clérigos están marginados, parece decir Alexis de Tocqueville, más están tentados por el todo o nada, al aspecto, *in fine* (fino y detallista) de la violencia.

Este razonamiento no habla todavía de frustración, pero lo conduce pronto a este, pues la marginalización, para un intelectual, significa rápidamente, si creemos en las buenas mentes, el resentimiento, la decepción, la envidia, en resumen, la frustración de los que no acceden al poder.

Así, Raymond Aron da el paso, cuando afirma que "basta con enumerar las situaciones en las cuales los graduados con diplomas se sienten frustrados al no encontrar las conjunciones revolucionarias del siglo XX (…). Incluso las sociedades industriales de Occidente conocen el peligro creado por la conjunción de expertos desilusionados y de letrados amargados. Los unos en búsqueda de eficacia, y los otros persiguiendo una idea, se unen contra un régimen culpable de no inspirar ni el orgullo de la potencia colectiva, ni la satisfacción íntima de participar en una gran obra"[24]. La frustración que explica el compromiso de los intelectuales en la violencia es un tema clásico, en el que se encuentra la expresión en diversos esfuerzos para describir el personal ideológico

---

[23] Alexis de Tocqueville, *Op. cit.*, p. 238.

[24] Raymond Aron, *L'opium des intellectuels*, París, Gallimard, Coll. Idées, 1968 (reedición), p. 301.

y político de los episodios revolucionarios o de las expresiones terroristas. Es así como se pudo sugerir que los bolcheviques más radicales, durante la Revolución Rusa, o los miembros del Comité de salud pública al momento del terror, eran personas algunas de ellas fracasadas, frustradas, estancadas[25]; y que un personaje como Netchaive, figura fundadora de las derivas más extremas del anarquismo ruso, pudo ser descrito como un estudiante mediocre, a la vez fascinado por la universidad, e incómodo a su interior[26]. Del mismo modo, diversos trabajos se esfuerzan en inventar una "personalidad" revolucionaria o terrorista moldeada en la infancia y en la adolescencia, una estructura psíquica caracterizada por un intenso resentimiento y de las más vivas frustraciones[27]. A lo mucho, las frustraciones fundadoras de tal personalidad nos remiten entonces a heridas narcisistas que pueden remontarse a la infancia temprana. Lo que desconecta totalmente el análisis de la violencia de sus fuentes psicológicas tiene que ver con las significaciones que ponen en obra al momento en que surge, en los procesos en los que se despliega, los cuales no tendrían nada que ver con las significaciones y los procesos en cuestión, y todo con toda la historia de la formación de la personalidad que se establece.

Es necesario distinguir en el análisis a los actores políticos e intelectuales que dan forma a la violencia en nombre de un sentido, o de peticiones que no son necesariamente las de su propio grupo, y los actores sociales o culturales que pasan a la violencia en nombre de sus propios intereses de grupo, en virtud de un sentido que ellos definen por y para ellos mismos (incluso si le confieren un alcance más amplio), e incluso si la violencia distorsiona ese sentido. Y, en los dos casos, hay que considerar la hipótesis de la frustración relativa con la más extrema

---

[25] Cf. Por ejemplo Lewis Coser, *Men of Ideas: a Sociologist's View*, New York, The Free Press, 1965, quien se levanta un retrato arrasador de Saint-Just, en respuesta contra los corredores y la aristocracia, de Jean Bon Saint-André, pastor protestante separado de los asuntos públicos debido a su confesión, etc., o quien ve en los bolcheviques los herederos de una *inteligentzia* desacomodada.

[26] Cf. Michel Confino, *Violence dans la violence, le débat Boukharine-Netchaiev*, París, Maspero, 1973.

[27] Cf. Por ejemplo Harold d. Lasswell, *Psychopathology and Politics*, New York, Viking, 1960; E. Wolfenstein, *Revolutionary Personality: Lenine, Trotsky, Ghandi*, Princeton University Press,1967; para una demostración del carácter falaz de la tesis de la personalidad revolucionaria moldeada por las frustraciones acumuladas en la juventud, Cf., Mostafa Rejai, K. Philipps, *Leaders of Revolution*, Beverly Hills, Sage, 1979.

prudencia, pues esta hipótesis hace de la violencia una conducta de perdedores o de excluidos, de marginados sin otro recurso que esta arma, sin otro móvil que el resentimiento, el deseo, la obsesión o la realidad de la caída social. En esta perspectiva, la violencia es la panacea de los mediocres, de los amargados, de los rechazados sociales, de aquellos, también, que en lugar de saber acogerse a las ideas, se dejan aprisionar por una idea, para volverse de ella el objeto, y los ideólogos (a veces mortíferos, lo que corresponde a algunas experiencias), pero que no explica el por qué los actores sociales o culturales consolidados, o los intelectuales reconocidos llegan eventualmente a esta violencia.

En general, la hipótesis de la frustración relativa es la del *establishment*, llevada por los analistas más preocupados en pensar el orden y el mercado, más que el de comprender las lógicas que pueden conducir a los actores a recurrir a la violencia en virtud de sus convicciones, de su espíritu de resistencia, con el fin de afirmar una consciencia de orgullo, imponer el respeto, el reconocimiento, la dignidad. Esta hipótesis pasa por encima los procesos que se juegan en el interior de los protagonistas de una acción violenta, entre un punto de salida que puede eventualmente remitirnos a la idea de una frustración, y de un punto de llegada que procede de otros elementos completamente diferentes, como son el del trabajo del actor sobre sí mismo, el de su encuentro con otros actores, etc. Esta hipótesis no sabría de ninguna manera cómo aportar una teoría general de la violencia; aunque a lo mucho podría ofrecer una herramienta analítica, un proyector que se puede dirigir hacia una u otra experiencia concreta, en el que puede ser susceptible de ofrecer un esclarecimiento al respecto, y que no es necesariamente superfluo, pero que nunca será decisivo.